我国上市家族企业终极控制权与国际化研究

李大鹏　尹春芬　李　延　著

科学出版社

北　京

内 容 简 介

本书分为两篇：上篇对我国上市家族企业终极控制权进行研究，从上市家族企业终极控制权与公司绩效、企业投资、债务期限决策、盈余信息含量四个方面进行了实证分析；下篇对“一带一路”背景下我国家族企业的国际化经营的现状、问题和完善的策略进行分析，并提出研究的局限与展望。

本书可供高等院校企业管理相关专业教学使用，亦可供企业管理人员参考。

图书在版编目（CIP）数据

我国上市家族企业终极控制权与国际化研究/李大鹏，尹春芬，李延著. —北京：科学出版社，2018

ISBN 978-7-03-056848-9

Ⅰ. ①我… Ⅱ. ①李…②尹…③李… Ⅲ. ①家族—私营企业—上市公司—控制权—研究—中国②家族—私营企业—上市公司—国际化—研究—中国 Ⅳ. ①F279.245

中国版本图书馆 CIP 数据核字（2018）第 048816 号

责任编辑：宋 芳 杨 昕 / 责任校对：刘玉靖
责任印制：吕春珉 / 封面设计：东方人华平面设计部

科学出版社 出版
北京东黄城根北街 16 号
邮政编码：100717
http://www.sciencep.com

北京虎彩文化传播有限公司 印刷
科学出版社发行 各地新华书店经销

*

2018 年 2 月第 一 版 开本：B5（720×1000）
2019 年 1 月第二次印刷 印张：9 3/4
字数：197 000

定价：68.00 元

（如有印装质量问题，我社负责调换〈虎彩〉）
销售部电话 010-62136230 编辑部电话 010-62135397-2032

前　言

改革开放以来，我国家族企业迅猛发展，成为经济增长的生力军，在国民经济中占据了一席之地。目前，越来越多的家族企业成为上市公司，这一现象日益成为学者们关注的焦点。许多学者通过实证研究发现，虽然家族控制企业不失为一种富有成效的企业组织与管理方式，但是同时我国上市家族企业在公司治理方面也存在着一些问题。例如，在我国上市家族企业中普遍存在着终极控制人（终极控股股东），他们通过金字塔结构等方式获取上市公司控制权私有收益，掠夺了其他中小股东的利益。因此，对于上市公司控制权特别是终极控制权问题的研究已经成为目前公司治理研究领域的热点和难点之一。在我国上市家族企业中，同样也存在着终极控制权的问题。

2013 年“一带一路”倡议的提出，为我国企业“走出去”进行国际化经营提供了非常好的发展机遇。在这一大背景下，我国家族企业应当如何“走出去”？如何规避风险？如何进行国际化经营？这一系列问题都值得深思和探讨。目前，学者们普遍认为我国企业国际化路径有两种，即渐进式的国际化路径和跨越式的国际化路径。我国家族企业在国际化经营中也应根据自身的实际情况，扬长避短，选择适合自己的国际化路径，以提高跨国投资的成功率，进而提高企业国际化经营的水平。

李大鹏（重庆工商大学国际商学院）对本书的设计和编写分工进行了整体安排，并具体负责第 1、3、6～10、12～14 章的编写工作。尹春芬（武汉工商学院工商管理系）负责第 2、4、5、11、15 章的编写工作。李延负责全书基础资料的收集、整理工作。

本书的编写工作得到了重庆工商大学及本校经济学院各级领导的大力支持，特别是得到了重庆市“三特行动计划”之“三特专业”建设项目——国际经济与贸易项目资助，在此致以诚挚的谢意。同时，也非常感谢科学出版社的支持和帮助。

在编写本书的过程中，作者参考了许多国内外有关文献，并在本书的参考文献中尽可能地予以列出，在此对这些专家学者表示深深的谢意，若有疏漏之处敬请谅解。

由于编写时间比较紧张，加上作者水平有限，书中难免存在不妥或不足之处，恳请广大读者批评指正。

作　者

2017 年 8 月

目　录

上篇　我国上市家族企业终极控制权研究

上篇
我国上市家族企业终极控制权研究

第1章　引　　言

1.1　研究的背景与意义

1. 研究的背景

（1）选择研究家族企业的原因

在人类文明史上，家族企业是最早出现并且至今仍然普遍存在的企业组织形式。大量统计数据证明，无论是过去还是现在，家族企业在全球经济中扮演着不可或缺的角色。就我国经济发展而言，改革开放三十多年来，市场化进程的推进、宏观经济的增长及综合国力的提升，在很大程度上依赖于民营企业的发展。我国绝大部分民营企业选择了家族企业这种企业组织形式，其原因可能是：在改革开放初期，社会信息的较低规范程度使得家族企业这种企业组织形式比较有效率。作为政府和市场的居间存在，家族企业承担筹集资金、配置资源和节约交易成本的功能。随着改革开放的不断深入，我国政府职能转变也不断深入，市场化程度、社会信息的分散度和规范度都有所提高，但是我国的家族企业还会长期存在并持续发展，因此其组织结构的特征、经营行为和效率，以及这些因素与外部环境的关系值得深入研究。

（2）选择研究终极控制权的背景

从公司理财学的发展历程来看，对于公司的所有权和控制权相分离的假定一直是公司理财学发展的基础。1932 年，伯利和米恩斯在经典著作《现代公司与私有产权》中首次对公司的所有权和控制权进行了界定，他们认为在美国“资本的所有权是分散在众多的投资者中，而相应的控制权则集中在少数的经理人手中”。此后，马里斯和潘斯洛斯的研究对其进一步完善，而詹森和梅克林提出的委托代理理论对其作出了完美的总结。从 1932 年以来，以公司的所有权与控制权的分离为基础的研究带来了现代财务理论的飞速发展，如资本结构理论的发展、委托代理理论的提出等。可以说，20 世纪 80 年代以前的主流财务理论是建立在公司的所有权与控制权相分离的基础之上的。

但是20世纪80年代以后，越来越多的研究成果表明公司的所有权与控制权的分离并不是一个普遍有效的前提假设，即使是在股权高度分散的美国。艾森伯格、德姆泽采、勒兹、施莱弗、维希尼和默克等人通过研究发现，在美国最大的公司中也存在着一定程度的股权集中现象。霍尔德内茨和希恩通过研究发现，在美国有几百家公司的最大股东的持股比例甚至超过了 50%这个绝对控股的界限。弗兰克斯和梅耶、戈顿和施密德、普劳斯等人对德国、意大利、日本等西方发达国家的公司进行研究的结果表明，这些西方发达国家的公司的股权集中度要高于美国的公司的股权集中度。拉·波塔等人对发展中国家的公司进行研究的结果则表明，这些发展中国家的公司也有着很高的股权集中度。这些研究文献同时还说明任何国家的公司都存在一个或几个控股股东，这些控股股东希望能够在公司治理中起到举足轻重的作用，而不是像伯利和米恩斯所说的那样。拉·波塔等人进一步研究发现，在全世界任何国家的公司内，不仅存在股权集中的现象，还存在终极控制权，即终极控制人通过建立金字塔控股结构的方式或者交叉持股的方式取得对公司的控制权，其显著特征是控制权和现金流量权之间存在着偏离。

2. 研究的意义

（1）本研究的理论意义

虽然众多学者对公司治理的研究已经从股权分散模式下的股东与经理人之间的代理冲突转向股权集中模式下的控股股东与中小股东之间的代理冲突，但是到目前为止尚未形成一个完整的基于终极控制人视角的分析框架。目前，中国资本市场还不够完善，控股股东会采用各种方式侵占其他中小股东的利益，从而获得公司控制权私有收益。因此，本研究的核心内容的框架以终极控制人的视角为逻辑起点，以终极控制权结构设计的影响为逻辑主线。

终极控制人为了追求自身利益的最大化，设计符合自身利益的终极控制权结构，并在此基础上开展公司的经营管理工作。反之，终极控制权结构也会给公司带来相应的影响，这些影响直接或间接地反映了终极控制人设计终极控制权结构的意图。因此，对终极控制权结构效应的研究，有助于进一步深入理解控股股东与中小股东之间的代理冲突问题。以往大多数的研究是从终极控制权结构对公司绩效产生影响的角度探讨终极控制权结构对公司的影响。公司绩效是一个反映公司生产经营状况静态特征的综合指标，但是并不全面。本研究试图探究终极控制权结构对我国上市家族企业影响的整个过程，以投资行为、融资行为、盈余信息含量及公司绩效作为分析点，较为系统地分析终极控制权结构对我国上市家族企业行为产生的影响，以期为健全和完善终极控制权结构提供相应的理论依据。

（2）本研究的实践意义

我国资本市场还在逐渐发展完善，资本市场也已经逐渐接受公司治理理论，而对终极控制权结构效应的研究却仅仅局限于学术界。在我国现行的资本市场监管体制下，中国证券监督委员会（以下简称证监会）对上市公司发行新股、配股和特别处理的主要考核指标是上市公司的财务指标，并且资本市场对上市公司的估值也主要建立在上市公司的财务数据之上。因此，上市公司的财务指标是上市公司业绩最为重要的评价依据。由于上市公司财务指标的主要依据是上市公司每年的财务报表，因此上市公司利用编制合并财务报表进行盈余管理的现象较为普遍，盈余管理的滥用会导致财务信息披露不全、误导投资者进行投资决策的问题。而相对于财务指标，上市公司的控制权结构设计的调整成本更大，稳定性更强。本研究的结果可以给资本市场提供一个参考，即从上市家族企业终极控制权结构的视角出发，评估其价值，从而完善现有的上市家族企业价值评估体系。

此外，根据我国资本市场的特征和上市公司治理的背景，对上市家族企业的终极控制人通过终极控制权结构攫取私有利益的现状进行分析，有助于确认上市家族企业的控股股东对公司利益或其他中小股东利益的侵占情况，为证券市场监管机构有关政策的制定及法律法规的建立健全提供实证，对有效监督公司投资行为、融资行为和信息披露，保护中小投资者的利益，提高资本配置效率，完善公司治理结构，促进上市家族企业竞争力和价值的提升，促进我国资本市场的健康有序发展，具有一定的实践意义。

1.2 研究对象概念的界定

1. 对上市家族企业概念的界定

上市家族企业是指企业的终极控制权能够归结于个人或其家族，并且这些自然人或家族是其实际控制者的企业组织形式。上市家族企业特别关注企业所有权或产权的流动对于企业内部其他权利的支配能力的影响，虽然上市家族企业在组织形式上已经是股份公司，但是实际上其终极控制权仍然属于控股家族所有。

2. 相关终极控制权概念的界定

（1）终极控制人（终极控股股东）

终极控制人是指在公司中具有终极控制权且不被任何人所控制的股东。由于终极控制人是相对于我们通常所说的控制人而言的，因此了解这两者的区别是正确理解终极控制人的关键。我们通常所说的控制人仅仅是针对所研究的某一家公司而言的，控制人可以是自然人或其家族、法人或国家。正是由于法人的存在，才使得对终极控制人的研究成为必要。

（2）终极控制权

终极控制权是指股权控制链条的终极控制人通过直接持有或者间接持有公司股份而对公司拥有的实际控制权，表示股东控制上市公司的能力。控制权与投票权是相对应的，有多少投票权就有多大的控制权。控制权包括直接控制权和间接控制权。拉·波塔、拉·德·西拉内斯和施莱弗提出的“一股一权”中的“权”是指控股股东实际拥有的投票权，包括经由直接持股与间接持股取得的投票权，我们称之为终极控制权。

按照拉·波塔等人提出的计算方法，终极控制权比例等于每个终极控制人在控股链条中的最小持股比例。若有多条控股链条，则将各控股链条中的投票权加总。

（3）现金流量权

现金流量权是指上市公司股东通过付出现金而取得的权利，也称所有权，表示控股股东持有的上市公司的股份所代表的其在上市公司的利益关系，也表示该控股股东能够从上市公司正常的经赢利润中分得的份额。拉·波塔、拉·德·西拉内斯和施莱弗提出的“一股一权”中的“股”是指控股股东投入资金后取得的实际股份，“权”则以现金流量权为代表。

按照拉·波塔等人提出的计算方法，现金流量权比例是通过将终极控制人的控股链条中每条链条上的各个持股比例相乘得到的，若有多条控股链条，则将各控股链条中的现金流量权加总。

例如，如果A（自然人或法人）直接持有上市公司B33%的股份，那么A对上市公司B的控制权和现金流量权都为33%，控制权和现金流量权两者之间没有偏离。

如果A持有上市公司B30%的股份，上市公司B持有上市公司C20%的股份，那么A对上市公司C的控制权为20%（在30%和20%的股份中选择低的股份，即20%），现金流量权为30%×20%=6%。

如果A持有上市公司B30%的股份，上市公司B持有上市公司C20%的股份，同时A持有上市公司C12%的股份，那么A对上市公司C的控制权为32%[min（30%，20%）+12%]，现金流量权为30%×20%+12%=18%。

3. 对公司绩效概念的界定

里巴斯认为，绩效是对企业目标实现程度及达到率的衡量反馈，绩效评价是对企业目标执行的有效性的评价。波特、沃克尔和罗因指出，绩效包含三个层次的意义，即效果、效率和适应性。温克崔曼和热玛亚·尼杰姆提出三类不同范围的绩效衡量：①财务绩效；②企业绩效，除了财务绩效之外，还包括运营绩效、市场占有率、产品品质、新产品导入、附加价值等非财务性指标；③组织绩效，除了前两者之外，还包括达成组织的各个相互冲突的目标及各种关系的目标的满足程度。杨国彬等（2001）认为，企业经营绩效评价是指对企业一定经营期间内的资产运营、财务效益、资本保值增值等经营成果进行真实、客观、公正的综合评价。刘志彪（2004）认为，绩效是企业经营者合理配置企业内外各种资源，有效达成企业目标的程度或表现。本研究认为，财务绩效和市场绩效是公司绩效的两个关键组成部分。财务绩效是指在企业对外公开的财务报告中，通过使用一些财务比率编制财务报表的方式来衡量企业经营成果。而市场绩效则是既以财务绩效为基础，又包含了市场对公司绩效的评价，因此可以将市场绩效概括为企业财务绩效的市场反映。

1.3 研究方法、研究内容及可能的创新

1. 研究方法

1）规范分析与实证分析相结合。本研究在规范分析的同时，使用计量经济学的研究方法对相关理论模型进行实证分析。

2）统计分析法。为了研究我国上市家族企业终极控制权、现金流量权与公司绩效三者之间的关系，在实证研究中搜集大量的样本数据进行统计分析。

3）实地调研法。在理论研究的基础上，在我国上市家族企业发展较好的地区进行实地调研。

4）文献分析法。全面准确地搜集国内外学者在上市家族企业终极控制权方面的研究成果作为参考文献资料，并跟踪国内外学者在该领域的最新研究成果，尽可能使本研究处于该领域的前沿。

2. 研究内容

1）引言。论述了本部分的研究背景与意义，对涉及的研究对象的相关概念给予了界定，并介绍了本研究的研究方法、研究内容与可能的创新之处。

2）与本研究相关的基础理论概述。对终极控制权结构的相关理论、终极控制权对公司绩效影响的理论、终极控制权对投资行为影响的理论、终极控制权对融资行为影响的理论进行了介绍和分析。

3）实证研究的文献综述。分别对终极控制权结构的实证研究、终极控制权与公司绩效关系的实证研究、终极控制权与企业投资关系的实证研究、终极控制权与企业融资关系的实证研究进行文献综述。

4）终极控制权的经济学解释及终极控制权与现金流量权偏离的实现机制。在企业理论与剩余控制权、两类公司背景下的剩余索取权和剩余控制权的制度安排、

终极控制人控制下的剩余索取权和剩余控制权的制度安排三个方面对终极控制权进行解释；终极控制权与现金流量权偏离的主要实现机制有金字塔持股、交叉持股、分类投票权结构和自然人直接持股等。

5）我国上市家族企业发展的历程、特征和上市利弊分析。分析我国上市家族企业发展的历程、发展的特征及我国家族企业上市的利弊。

6）中法两国家族企业对比分析。分析法国家族企业的发展现状，并对中法两国家族企业治理模式进行对比分析。

7）基于终极产权背景下的我国上市家族企业终极控制权、现金流量权与公司绩效的实证分析。通过对我国上市家族企业终极控制权和现金流量权分离的实证分析，得出其与公司绩效负相关的结论。

8）我国上市家族企业终极控制权与企业投资的实证分析。通过对我国上市家族企业终极控制权与企业投资的实证分析，得出相应的结论。

9）我国上市家族企业终极控制权与债务期限决策的实证分析。通过对我国上市家族企业终极控制权与债务期限决策的实证分析，得出相应的结论。

10）我国上市家族企业终极控制权、现金流量权与盈余信息含量的实证分析。通过对我国上市家族企业终极控制权、现金流量权与盈余信息含量的实证分析，得出相应的结论。

3. 可能的创新

本研究以我国上市家族企业终极控制权为研究对象，实证分析我国上市家族企业终极控制权、现金流量权与公司绩效三者之间的关系。目前，国内学者关于我国上市家族企业终极控制权的研究还不多见，本研究力图在此领域有所创新。

1）本研究尝试从终极控制人（终极控股股东）的角度，以终极控制权为核心，对终极控制人终极控制权展开比较系统的分析，构建终极控制权结构研究框架。在借鉴国内外学者取得的对终极控制权结构的研究成果的基础上，分析终极控制人为了攫取上市公司控制权私有收益，建立金字塔终极控制权结构，产生所有权与控制权的分离（两权分离），对其他中小股东的利益进行侵占，进而对上市公司产生各种影响的逻辑过程。

2）在有关终极控制权结构对资本结构影响的研究中，本研究作出一定的创新。国内已有的有关公司治理结构对于融资决策影响的研究集中在对企业资本结构选择的影响上，因此较多的研究是从静态的角度展开的。本研究在尝试分析终极控制权结构对于企业融资决策的静态影响的基础上，进一步从资本结构动态调整的角度分析其对企业融资决策的影响。

第 2 章　与本研究相关的基础理论概述

本章对终极控制权结构的理论，以及终极控制权对公司绩效影响的理论、终极控制权对投资行为影响的理论、终极控制权对融资行为影响的理论进行介绍和分析。

2.1　终极控制权的结构

美国经济学家伯利和米恩斯在所著的《现代公司与私有产权》一书中，最早对公司治理领域中所有权与控制权（简称为两权）分离的问题进行了研究，不但首次对两权的内涵给出了明确的解释，还指出两权分离是现代企业发展到一定阶段的必然产物。其后，许多学者在米勒和莫迪利安尼分析框架下进行了大量的研究，取得了丰硕的研究成果。

拉·波塔、拉·德·西拉内斯和施莱弗完全突破传统范式，对两权问题的研究进入到一个全新的视野，其不仅对传统公司治理中的米勒和莫迪利安尼分析框架提出了质疑，还开创性地提出了终极控制权的概念。拉·波塔、拉·德·西拉内斯和施莱弗通过对终极控制权的分析发现，以家族控制为代表的股权集中型上市公司比股权分散型上市公司要常见得多。因为处于控制链条顶端的终极控制人往往是通过金字塔结构、交叉持股或两者相结合的复杂控制权结构方式取得公司控制权的，所以出现了控制权大于所有权的现象，即两权发生了分离。随着控制链层级与复杂程度的加大，两权分离度也会逐渐上升，终极控制人有着强烈的动机对中小股东的利益进行侵害，从而获得上市公司控制权私有收益。因此，在股权集中型的上市公司中，公司治理的核心问题不是第一类委托代理冲突（管理层与股东之间的冲突），而是第二类委托代理冲突（终极控股股东与中小股东之间的冲突）。

1. 两权分离理论

亚当·斯密很早就对所有权与控制权分离的（两权分离）问题有所研究，他认为公司的两权分离将不利于公司的经营发展。亚当·斯密指出，当公司的两权分离时，公司的经营绩效将无法得到保障，因为在大多数情况下，公司经营者会将其个人利益置于公司利益之上。托斯丹·凡勃伦的研究拓展了两权分离问题的研究视野。托斯丹·凡勃伦在 1904 年出版的《企业理论》中提出了缺位者所有权的概念，他认为公司资本可视为社会资本的一种表现形式，公司所有权即为缺位者所有权；同时，公司所有权的缺位所有者与公司经营管理权相分离，缺位所有者不参与公司管理，也不拥有公司的经营管理控制权，而只是依靠公司资本来实现利润。书中还指出，在公司的无形资产中，公司管理者的能力是最重要的。因此，其提出的理论实质上是将公司的控制权由公司资本垄断者移交给经济工程师。经济工程师致力于提高技术效率并增加产出，而资本垄断者的目的是追求利益的最大化。两权分离的问题由此转化成了追求效率的经营管理问题，这种分类方法是学术研究上的重大突破。

伯利和米恩斯认为，随着公司管理者经营控制权的加大，损害公司资本所有者利益的威胁也会随之增加。虽然公司的管理者并不能真正占有公司，但是许多事实仍然证明了这种威胁的存在。公司资本的控制者将一部分契约控制权授予董事会，董事会在保留部分权利之后将剩余部分控制权再授予公司的管理者，这个逐级分层授予控制权的过程即为两权分离的过程。两权分离是社会化发展的产物，也是公司股东成本收益比较的必然结果。前者是指在社会不断发展的过程中，随着公司规模的扩大，公司的资本增加需求也随之增长。由于股东人数过多会导致公司股权结构的混乱，因此，在公司发展的过程中，经营管理专业化程度的提升和生产技术的精细化、复杂化为职业经理人的发展提供了机会。后者是指随着公司规模的不断扩大，两权分离已经成为必然的结果。需要特别强调的是，公司两权的分离是通过公司的逐级分层授权来实现的，而每个契约可以是不同的。同时，两权分离也引发对公司管理者行使经营控制权的激励和约束问题。

2. 新制度经济学控制权理论

在一般均衡理论中，整个交易过程是和谐的，不但整体经济的运作完全由市场价格机制来调节，而且市场机制的运作没有不确定性，不产生任何交易成本，不需要任何交易费用，因此也不需要制度安排。在现代社会中，由于交易方式、交易组织和交易物品等因素的复杂化，不同的契约安排促成了交易方式的多样化，而选择不同的交易方式是减少交易费用、实现资源有效配置的重要手段，因此契约安排对社会的发展起到重要作用。古典经济学的一般均衡理论表明，所有的契约都是数量和价格的交易，这种交易是在有秩序的社会环境中完成的。由于该契约建立在个人的完全理性、获得信息完全对称及交易成本为零的基础上，而现实经济中存在契约失灵的情况，因此虽然人们可以接近完全契约的一般均衡点，但是契约的不完全性是一种常态，而契约的完全性则是一种特例。

所有权归属是公司绩效的决定因素。新古典所有权学派认为，利润最大化是公司最重要的目标，公司的终极控制权应当由公司最具有追逐利润动机的人拥有。因此在具体的所有权安排中，出资者不仅是唯一的剩余索取者，还应掌握公司重大决策的审批权。在剩余索取权和剩余控制权两者的关系中，最有效的公司所有权结构是两者相互对应。传统的所有权理论强调公司内部结构的合理化和有效约束，忽略了交易成本及对公司外部问题的协调分析。西方经济学家在之后的研究中对所有权概念作出了更宽泛的界定，他们认为对剩余利润的占有是因为公司拥有的追求效益的激励动机不完全，所有权私有化是决定公司绩效的内部条件，而竞争所触动的公司治理机制是决定公司长期绩效的基本条件。

科斯开创了新制度经济学的契约理论，其中就涉及企业所有权问题。格罗斯曼和哈特将企业所有权定义为"剩余控制权"，开创了新制度经济学的控制权理论。该控制权理论认为，未来的世界是不确定的，企业的契约安排是不完备的，当实际状态出现契约失灵时，必须有人决定如何填补契约中的漏洞。在剩余索取权和剩余控制权两者的关系中，公司所有权和控制权的核心是通过恰当的契约安排来实现剩余索取权和剩余控制权的相互对应，以确保公司的效率。

3. 委托代理理论

委托代理理论是由信息经济学的一个分支——"非对称信息条件下的经济学分析"发展起来的，该理论研究集中在如何设计一个补偿系统（一个契约）来驱使一方（代理人）为另一方（委托人）的利益行动。在委托代理理论中，委托人—代理人关系广泛存在于任何一种涉及非对称信息的交易中。如果在交易中具有信息优势的一方被称为代理人，另一方被称为委托人，那么终极控股股东就是代理人，而中小股东则是委托人，两者之间构成委托代理关系。因此，该理论认为委托代理问题产生的原因，从一般意义上讲，在于委托人和代理人之间的利益不一致和信息不对称。委托代理理论有一个较为严格的数学模型，以此来研究非对称信息条件下的激励模型和监督约束机制。

由于契约的不完全性和信息的不对称性，要实现企业的剩余索取权和剩余控制权的完全对应是不可能的，这就产生了代理问题。根据代理成本的概念，可以分析代理成本是公司所有权结构的决定因素。由于委托人与代理人的利益不一致，双方的契约是不完全的，信息是不对称的，因此必然产生代理成本。为了降低代理成本，就必须建立和完善代理人激励约束机制，这正是公司治理的意义所在。

委托代理关系是指委托人委托代理人根据委托人的利益从事某些经济活动，并相应授予代理人某些决策权的契约关系。这种契约关系主要是一种经济利益关系，基于现行的"多数表决"原则的制度安排，中小股东行使表决权所体现的意志根据"资本多数决定"原则往往被大股东的意志所征服，持有多数股权的控股股东通过在股东大会上对公司重要决议行使其强大的表决权的方式，或者通过操作股票的方式，直接或间接地行使上市公司的实质控制权。一方面，由于多数中小股东不拥有控股股东的治理资源，因此这些中小股东缺乏成为控股股东的能力；另一方面，由于不进行任何附加投入也可分享由控股股东治理而带来的"搭便车"收益，因此投入的约束与"搭便车"收益的诱导致使控股股东之外的中小股东群体保持在一个相对稳定的状态。由此，终极控股股东与中小股东之间便形成了基于控制权收益与“搭便车”收益的分歧和整合的委托代理关系。作为受托人的终极控股股东的激励条件是获得控制权收益，作为委托人的中小股东的激励条件是“搭便车”收益，控股股东和中小股东两者之间通过“资本多数决定”原则而构成了委托代理契约。

4. 不完全契约理论

不完全契约理论是由格罗斯曼、哈特和莫尔等人共同创立的，因此这一理论被称为格罗斯曼—哈特—莫尔模型，简称 GHM 模型，又称为所有权—控制权模型。该模型是对委托代理理论的批判和发展。不完全契约理论认为，委托代理理论作出的完全契约理论假设，其在现实中很难实现。因为委托人和代理人之间不可能通过订立契约的方式对代理人的权利和义务进行限制；同时，具备完全契约条件的公司在现实经济中也是不存在的。不完全契约理论分别从交易事项的不确定性、信息的不对称性等角度论证了导致契约不完全性的原因及其相应的公司治理。

不完全契约理论认为，在现实经济中充满了不确定性。契约是指通过签约的方式作出某种承诺，以达到监督和约束签约双方行为的目的。完全契约是以市场充分有效为前提假设，认为契约双方都能够预见契约期间内可能发生的重要事情，并且愿意遵守双方所签订的契约。但是由于现实经济的不确定性，人们不可能在当下对未来的事情作出完美的预测。因为所有的预测都是基于契约双方的主观想法，所以无法凭借预测在契约中对双方的权利和义务作出明确的界定。哈特在设置了信息对称、风险中性和事后谈判三个前提假设之后，从这三个方面解释了契约的不完全性。后来也有许多学者对契约的不完全性进行了研究。科斯提出，企业的产生是为了节约市场交易成本或交易费用；企业是价格机制或市场机制的替代物，这是企业的显著特征。此后，阿尔钦和德姆塞茨等学者延伸发展了科斯的观点，认为企业是契约选择（制度选择）的必然结果。

5. 控制权私有收益理论

关于控制权私有收益对公司行为的重要性，经济学家早在 1964 年就有论述。后来的许多经济学家进一步开创了研究控制权私有收益理论的科学方法，他们明确地将控制权带来的额外收益定义为控制权私有收益。

当公司的股权变更出现新的控股股东之后，会产生两种控制权收益：控制权公共收益和控制权私有收益。控制权公共收益主要表现为控股股东通过加强公司管理、提高产品和服务的质量、降低内部交易，以及产品和服务的成本等方式，改善公司的经营绩效，公司提高的效益由公司全体股东获得和分享。控制权私有收益主要表现为终极控股股东利用公司内部信息为大股东的关联公司获取超额利润、转移公司资源，以及利用大股东的声望、特权等方式侵害中小股东的利益。

一般认为，控制权私有收益的存在会影响终极控股股东对公司治理的作用。由于控制权私有收益的存在，终极控股股东的角色就具有了两重性：解决委托代理问题的激励效应和满足自身利益的侵害效应。这两种角色力量的较量最终会达成一种均衡：终极控股股东的出现虽然降低了管理层的委托代理成本，但是又会产生控制权私有收益。只有当管理层的委托代理成本大于控制权私有收益时，非控股股东才会希望有终极控股股东出现。

6. 利益相关者理论

利益相关者理论认为，股东与供应商、承销商、员工和客户等企业的利益相关者一样，与企业的生存和发展关系密切。这些利益相关者为企业分担经营风险，必要时还为企业的经营活动付出代价，作出较大的投入。正是因为有这些利益相关者的付出和投入才有公司好的产出，所以他们有权利分享企业的所有权，企业的契约也应包含他们的利益。在公司的经营过程中，这些利益相关者，尤其是公司的员工，很可能会代表股权分散的股东利益行使与履行和企业所有权相关的权利与职责。总之，企业的生存与可持续发展需要这些利益相关者的大力投入。因此，当公司遇到经营状况不良甚至破产的情况时，也应补偿这些利益相关者所遭受的损失。该理论强调公司的所有权和控制权应当更多地向这些利益相关者倾斜，反对将公司大股东利益放在第一位。该理论也强调，公司的经营管理者应考虑将更多的权利给予这些利益相关者，而不是以股东的利益为唯一的考虑对象，如可以让这些利益相关者进入董事会来增加他们的所有权和对公司的控制权等。

2.2　终极控制权对公司绩效的影响

1. 经济因素决定论

科斯开创了用纯经济学解释股权结构的理论。后继者，包括威廉姆森、哈特、德姆泽采和勒兹，以及詹森和梅克林等在内，其研究基于传统的经济均衡思想，以代理成本与市场契约理论为立足点，其目的是揭示所有权结构的影响因素及其内在机理。詹森和梅克林在其经典著作《企业理论：经理行为、代理成本和所有权结构》一书中，从债务和外部权益产生代理成本的角度说明这两者与两权分离的关系。詹森和梅克林对企业的控股股东将部分股权转让给外部人的原因，以及这些外部人投资这些股权的动机提出了疑问。德姆泽采和勒兹在《政治经济学杂志》上发表了一篇题为《公司所有权的结构：原因与结果》的文章，分析了公司股权结构的决定因素。该论文通过对公司股权结构的统计分析发现：所有权是一个影响公司治理的外生变量，股权分散的股东并不关注其所有权；影响公司股权结构变动的因素是外部因素而不是股东。影响公司股权结构变动的外部因素主要有公司的价值最大化规模、公司的控制性潜力和系统管制。

2. 政治因素决定论

美国教授马克通过对股权结构的分析，创立了政治因素决定论。马克在《强管理者弱所有者——美国公司财务的政治根源》一书中指出，美国公司的股权高度分散化，以及在法律上限制机构投资者持有更多的公司股份有其政治根源。由于美国的政治传统和意识形态历来倾向于“平民主义”，即不管权力是否集中于政府，人们对于这种权力集中本身就有一种不信任感，因此法律对于公司股权有着严格的限制，这也在公司股权结构上得到了一定程度的反映。目前，美国正在逐步放宽对机构投资者的持股限制，机构投资者不能成为公司经营的主要参与者的情况也正在发生变化，公司股权正在不断地从分散走向集中。

3. 产业效应理论

汉斯曼、托马森和佩德森等人在《产业与股权结构》一书中指出，股权结构在很大程度上是受市场结构影响的，不同的公司类型决定不同的公司股权结构。根据交易费用理论，能否降低交易成本决定了公司股权结构的不同。交易费用与各种利益相关者的契约交易有关。当股权最终具体化到这些利益相关者身上时，一方面会增加股东之间的交易成本，另一方面则可能同时减少其市场契约成本。在其他条件不变的情况下，公司所承担的总的交易成本的大小决定了公司具体采用的股权结构的类型。不同的产业或行业有着不同的股东之间的交易成本和市场契约成本。如果对股权结构进行分析，至少可以得出六种不同公司类型的股权结构。在其他条件相同的情况下，若公司的经营者与外部股东之间的信息越不对称，其股权集中度相对越高，则公司越倾向于选择私人或家族式公司股权结构。同样，在其他条件相同的情况下，具有较高风险的行业或产业会选择股权高度分散型的公司。有学者指出，最佳的股权结构是存在着一个持股量较大的股东，同时其他股权分散在其他投资者之间。对于一般投资者而言，一体化的股权制度将减少组织资本供应时的交易费用，但是在组织提供监控服务时会增加相应的交易成本。经营者兼所有者的公司股权结构虽然可以避开上述的交易成本，但是却可能增加吸引外部投资者的交易成本。因此，在其他条件相同的情况下，股权集中度的高低与公司资产专用性程度负相关，也与公司规模负相关。《产业与股权结构》一书中指出，公司规模、资本的密集程度、利润空间、产业发展阶段、不确定性和风险等因素被普遍用来解释股权结构的行业效应。

4. 生命周期决定论

王斌在《股权结构论》一书中提出用生命周期理论来解释股权结构的演变过程，其主要论点如下：公司的生命周期分为四个时期，即初创期、成长期、成熟期和再生期，生命周期决定了公司的股权结构安排。由于生命周期的时期不同，问题面临的环境不同，股东承受的风险不同，因此决定了公司的股权结构也可能不同。一般而言，处于初创期和成长期的公司，其股权结构可能趋于集中；处于成熟期的公司，其股权结构可能趋于分散；而处于再生期的公司，其股权结构处于重组状态，并且可能会重新趋于集中。可以用生命周期理论来解释现阶段我国上市家族企业股权结构的特征。由于我国上市家族企业出现的时间很短，普遍处于初创期或成长期，因此其股权结构有着高度集中的特征。在上市家族企业的不同发展时期，随着市场规范程度的提高，可能会使上市家族企业利用负债来解决其资金短缺的问题，由此将产生不同的资本结构特征，对股权的控制也可能出现分散化趋势。因此，可以通过公司绩效的变化来推断公司股权结构的发展趋势，反之又可以通过公司股权结构的调整来预测公司绩效的波动。

2.3　终极控制权对投资行为的影响

1. 投资加速理论

阿夫塔利昂首先提出投资加速度的概念及原理，哈罗在此基础上提出投资加速器的原始模型。该原始模型的两个加速分别是：企业产出量与资本存量之间存在固定比例关系；资本存量总是能够在极短的时间内自行调整为企业最优生产规模。该加速器模型的明显缺陷在于，其认为产品需求多少决定了公司投资支出的大小，并且要求产出量与投资支出成比例变化，这显然与实际情况不符。由于该加速器模型没有考虑投资支出成本，因此在一定程度上限制了投资加速理论的发展。

2. 新古典投资理论

著名经济学家乔根森在对前人米勒和莫迪利安尼理论的投融资无关论研究的基础上，提出了基于实际经济因素（偏好、技术等）的新古典投资理论。该理论认为，资本的需求变动同时受到要素价格及要素价格同产出价格的比率两方面的影响。新古典投资模型中决定企业投资的两个至关重要的因素分别是预期产出和投资成本，也就是说，凡是能够影响投资成本或预期产出的因素都会对企业的投资决策产生影响。该理论最大的不足在于，其仅仅考虑了单个企业，而在实际资本市场中，随着该企业所处的外部环境可能发生的不连续变化，企业的劳动力投入、最优资本存量水平及产出水平也会发生类似变化。新古典投资理论基于的前提假设是，企业能够在很短的时间内对其外部新环境作出反应并且不产生任何摩擦。这样的前提假设在现实中很难实现。

3. Tobin's Q 理论

托宾进一步研究分析新古典投资理论存在的缺陷，并在此基础上提出了厂商投资理论，该理论也被称为 Tobin's Q 理论。Q 值在数值上等于企业现有资产的股票价值与现有资产的重置成本的比值。通过将 Q 值与 1 作比较，可以清晰地了解现有资产的市场价值与其重置成本的大小关系，进而可以据此判断未来是否对该项资产进行增量投资，即若 Q 值大于 1，则表示市场价值高于重置成本，增量投资有利可图，企业应当扩大投资；若 Q 值小于 1，则表示会以相对较大的成本获得相对较小的市场价值增量，企业扩大投资并不明智，应当选择减少投资。

该理论在研究企业投资受内部融资影响时，运用 Q 值可控制投资机会。目前，国内外学者在研究公司非效率投资行为时，通常采用 Tobin's Q 理论及其相应的模型进行验证。当回归残值小于零时，说明企业实际投资达到最优投资水平，在这种情况下，企业存在一定程度的投资不足；反之，当回归残值大于零时，企业存在一定程度的投资过度。

4. 企业非效率投资理论

法扎里关于公司内部现金流和投资之间的关系的研究，代表着企业非效率投资研究的开始，同时也为后来的学者关于投资现金流敏感性的研究奠定了一定的基础。法扎里在研究中将投资的支出作为研究对象的变量，而将企业内部现金流作为影响研究对象的变量，同时引入其他对投资有影响作用的因素来分析两个主要变量之间的关系。若研究对象的变量系数为正，则说明它的敏感性强。大量实证研究发现，投资的支出是随着企业内部现金流的增长而增加的，但是其成因却有两种解释：信息不对称的存在；代理成本的存在。

上述两种对投资与现金流呈正相关的成因的解释似乎差别较大，但是斯坦因的理论研究认为，两者观点虽然不同，但是并不矛盾，可以互为存在，两者都是通过对公司特征的分析来解释投资与现金流的相关性的。在斯坦因模型中，在不同的情况下能够分别发生投资不足现象和投资过度现象。当公司的投资选择机会较多时，外部资金的成本也随之增加，其主要原因是公司内部与外部投资者的信息不对称增加。此时，投资不足现象就会发生，投资与现金流呈正相关。反之，若公司的投资选择机会较少，则会发生投资过度现象，此时投资与现金流也呈正相关。在加入 Tobin's Q 和现金流的交乘项之后，该交互变量呈现正值，进一步表明了投资与现金流之间的敏感性强，以及介于投资过度与投资不足两者之间的状态将由投资选择机会的多少来决定。从另一个方面而言，当股东加强对公司管理层的监督和管理时，也可能导致过度投资现象的发生。股东在充分研究公司管理层的能力和以往的投资决策之后，两者之间的信息不对称也会大幅度减少。因此，公司外部大股东的存在，会削弱公司投资和现金流之间的关系，甚至使得两者之间的正相关关系不成立。

5. 控制权的非效率转移理论

部分研究指出，上市公司控股股东的两种行为，即掏空行为和支持行为，其与金字塔控股结构，从本质而言是相对称的。贺建刚认为，总体而言，支持行为是短暂的，只有转移资金的掏空行为才能长期持续。埃尔文·莫雷莱克等人提出了索取权模型，该模型也称相机索取权模型，主要是指控股股东为了掌握控制权私有收益，通过转移资金等掏空行为，导致其他中小股东的利益受到损害。该模型也指出，在现实中，股东之间的利益冲突和代理冲突揭示了公司的投资决策行为和低负债水平。姜凌（2013）通过揭示控股股东和中小股东的委托代理关系，指出相比于公司股东和管理者之间的委托代理关系，在现实中更多地存在此类委托代理关系。肖腾文（2001）通过建立模型集中分析控股股东和中小股东之间的委托代理关系的主要原因，指出控股股东在控制权私有收益方面的决策行为所造成的公司股权价值的流失是代理成本的主要来源。

2.4　终极控制权对融资行为的影响

美国教授米勒和莫迪利安尼在 1958 年提出了资本结构无关性理论，又称 MM 理论。该理论指出，在不考虑企业所得税，并且企业经营风险相同的情况下，企业的资本结构与企业的价值无关。该理论被视为现代企业资本结构理论的奠基石。

1. 静态权衡理论

权衡理论，又称最佳资本结构理论，是以债务的税收收益与财务困境成本之间的平衡点为主要研究对象。财务困境成本主要包括企业的管理成本和监督成本、企业申请破产时的法律成本、代理人道德风险行为发生时产生的代理成本等。债务在帮助避税的同时，导致了财务困境的发生。当财务困境发生时，公司将会减少其开支，甚至采取变卖资产等手段。另外，即使财务困境不是因为违约行为造成的，公司的绩效也会受到影响。

米勒和莫迪利安尼在 1958 年研究的基础上继续深化 MM 理论，并于 1963 年将公司所得税引入之前的理论分析中，提出了静态权衡理论。该理论认为，因为存在着负债利息免税利益，公司的价值与其负债率呈正相关，公司的最佳资本结构是 100%负债。随后，米勒于 1976 年提出了米勒模型，进一步发展了静态权衡理论，其在研究中强调考虑个人所得税的效应。虽然该模型无法应用到实际中，但是为后来许多学者的研究提供了思路和分析框架。崔克茵卡于 1982 年在对纳税的企业债券和免税的政府债券的平均收益进行对比研究后发现，不能忽略米勒模型中的两个假设：企业税率和边际税率；并且指出，这一发现并不意味着不存在税收债务优势。1983 年，布塞和赫斯使用不同的计量经济学技术估计个人平均有效税率权益显著正向。同年，崔克茵卡和迦马发现企业的边际税率明显高于债券持有人的税率，也支持了布塞和赫斯的观点。

2. 动态权衡理论

由于静态权衡理论难以对某些制度因素对资本结构造成的影响给予合理的解释，动态权衡理论得到了发展，许多学者着手研究该理论。动态权衡理论的假设是：信息不对称不存在；半强式有效市场。公司管理者在进行融资决策时，以公司价值最大化为目标。因此，动态权衡理论是在静态权衡理论的基础上拓展而来的。弗兰纳里和兰根指出，制度的变化和公司的特征都会对资本结构产生影响，调整成本将会引导资本结构朝着目标方向进行调整。费舍尔首次将调整成本的概念引入动态权衡模型中，并且指出随着调整成本的类型的变化，资本结构也会发生相应的变化：当公司负债水平和调整成本的比值相等时，最好的调整政策是连续性的调整政策；当公司新发债务融资和调整成本的比值相等时，公司的债务账面价值呈现不规则的变化波动。费舍尔建立了税前利润的动态模型，引入了公司低负债下发生的期权价值。

后来，莫雷莱克进一步推动了动态权衡理论的发展，其将控制权理论和代理成本理论的核心引入动态权衡模型中，在动态权衡模型中分析了公司管理者不受限制的决策权对公司的杠杆和公司的价值产生的不同效应，并建立了一个体现公司管理者与股东之间代理冲突的模型。该模型的结论是：影响目标资本结构的决定性因素包括约束代理人的利益行为、公司负债所带来的税收利益和破产成本三者之间的权衡，并且目前的资本结构是公司管理者在将自由现金流投资于净现值（net present value，NPV）为负的项目中获得自我利益和保证公司不被并购两者之间的权衡。对于现实中公司债务水平偏低的现象，委托人和代理人之间的代理冲突给出了一个合理的解释。

3. 信号传递理论

基于信息不对称理论，为了提高关税融资能力，吸引更多的外部投资者，公司尤其是价值更高的公司会通过传递公司价值信号的方式来使其区别于其他公司，并以此来证明自身具有较高的投资价值，外部投资者则参考这种传递出来的公司价值信号谨慎投资。若信号是均衡的，信息不对称可以提高投资者对公司管理者决策行为观察的确定性而减少甚至消除不确定性，公司的管理者也可以通过限制财务政策的方式将效益放大。

信号传递理论认为，当拥有内部消息来源的企业家使用自有资金进行某一项目的投资时，外部投资者将会得到信号——该项目具有高价值。信号传递理论作出了启发式判断：不管企业家向投资者传递的信号价值大小，企业家的预期效用与风险都呈正相关。即使传递的是高价值信号，企业家对项目的投资额度也会随着个人投资的风险控制的增加及项目的实际风险的增加而减少。由于信息的不对称，企业家对项目的投资也会受到交易费用的影响。当交易费用较小时，因为债务比例未能达到影响预期效用的比例，所以资本结构对公司价值不产生影响；但是当交易费用的比例增大到一定程度时，资本结构就会影响企业家的投入额度，企业家对项目的投入额度将会随之增加。

4. 优序融资理论

优序融资理论是由梅尔斯于 1984 年提出的，后来得到了迈尔斯和马吉洛夫的发展。该理论以不对称信息理论为基础，以考虑融资成本的存在为前提。该理论假设在信息不对称的条件下，企业的外部投资人和管理者都是理性的，经理人拥有更多的信息优势。而当投资者发现信息不对称问题时，往往会降低对股票（现有股票和新发股票）的价值认定，这个行为将最终导致公司价值下降。因此，当管理者意识到信息不对称问题时，在选择融资方式时会首选内部融资，因为内部融资不仅受限较少而且节省费用，同时还可以回避信息不对称问题。

优序融资理论认为，投资者在追求公司价值最大化的过程中，由于信息不对称导致企业管理者拥有较多的企业内部信息，因此企业管理者使用较多的融资方式是内部融资而不是外部融资。除了上述结论之外，优序融资理论还认为，在融资方式的次序选择上，内部融资是首选，其次是低风险债券、高风险债券，在没有其他选择的情况下最后才是股票；股息的关联性也导致企业不会选择通过减少它来融资。大量实证分析也支持该理论的论点。例如，企业的资本结构水平与其赢利能力负相关；信息不对称的程度加大，则在投资新项目时首选内部融资方式和低风险的债券，而外部融资将减少等。

5. 资本结构的代理成本理论

资本结构的代理成本理论是由詹森和梅克林提出来的。代理成本是指委托人为了防止代理人损害自身利益而制定契约关系和严格监督契约履行过程中所付出的代价，包括债务代理成本和外部股权代理成本。造成委托人和代理人之间利益冲突的主要原因是公司两权的分离。当公司管理者能够实际控制公司却只有公司的部分所有权时，其利益会随着持有股权的减持而减少，这将导致公司管理者利用其他的方式来补偿自己的收益，也导致公司的管理者减少投入企业的精力。此外，詹森和梅克林于 1976 年发现，在代理关系中有可能发生过度投资的行为。对公司价值而言，公司的管理者可能会选择并不是最佳的投资机会，去投资净现值小于零的项目，并从中获得相应的利益。因此，研究发现，当公司拥有的现金流充足时，降低代理成本的主要方式是负债，通过让公司管理者支出更多现金流的方式来鼓励公司管理者提高工作效率。从某种程度而言，企业和委托人很有必要在监督和约束公司管理者的行为上花费相应的资源。

债务代理成本的形成可以归结于股东在公司债务偿还方面所发生的行为。当公司股东剥夺债权人的财富时，即产生资产替代问题。这是因为公司在进行投资决策时，股权价值的最大化并不等于债券价值的最大化，在考虑自身的损益时，股东会倾向于选择高风险且投资收益较大的项目。因此，股东与债权人之间在项目的投资决策上会存在利益冲突，而股东的这种行为则被称为资产替代行为。梅尔斯研究发现，债务的积累会导致公司减少其投资的行为。当公司所欠债务较多且无力偿还时，融资力不足的公司对净现值为正的项目往往不会考虑。而即使公司有机会对净现值为正的项目进行投资，但是当公司现有或将拥有的负债额大于或等于项目的 NPV 时，股东也往往不会考虑选择此类项目，因为他们认为对于自身而言，投资该项目没有相应的收益，项目投资的收益最终归债权人所有。当债权人意识到股东的资产替代行为时，为了提高公司的融资难度从而监督和约束股东的行为，他们会采用一系列的限制和要求。债权人为了监督和约束股东的行为而增加公司融资难度所形成的代理成本，即债务融资代理成本。

6. 市场时机理论

传统的资本结构理论是建立在理性人假设和市场有效假设的基础之上的。实际上市场参与者往往是非理性的，如上市公司存在的股票市场圈钱的现象等。资本市场往往也并非有效，其不完善性也影响着公司的融资决策行为。行为金融学否定了完全套利的假设，指出市场参与者往往存在着非理性的行为，该非理性的行为对公司的融资行为和资本结构会产生相应的影响。由此提出一种新的理论，即市场时机资本结构理论。斯坦因通过研究公司在管理者理性但是市场无效假设下的融资行为，首次提出了市场时机的概念。斯坦因认为，当股票处于高估状态时，公司的管理者会进行股票融资，并且为了降低抑制新股发行价格的影响，往往会选择合适的市场时机；而当股票处于低估状态时，公司的管理者往往会进行股票的回购。

7. 自由现金流量假说

自由现金流量假说是由迈克尔和詹森在 1986 年提出的。该假说的主要观点是：为了削弱股东和公司管理层之间的代理冲突，可以采取减少管理层可操控的自由现金流量的方式。其原因在于，当自由现金流量减少时，公司管理层对自由现金流量的操控就会受到一定的限制，同时还能有效地制约公司管理层可能发生的投资过度行为。在公司两权分离的情况下，终极控制人可能会侵占公司的资源，此时外部债权人对公司的偿债能力存在着疑问，因此会选择发放更多的短期债务，降低自由现金流量，以此约束公司终极控制人的自利行为。

8. 税收理论

税收理论认为，面临更高实际税率的公司将会发行更多的长期债务。也就是说，随着实际税率的增加，公司将发行更多的长期债务。其原因是长期债务的利率较高，公司发行更多的长期债务，可以获得适当的避税收益。

9. 期限匹配理论

期限匹配理论是由梅尔斯提出的。该理论的主要观点是：若公司能够将债务期限和资产期限进行合理的搭配，则可以减少由于不能偿还到期债务所带来的风险，同时也可以最大程度地提高公司资金的使用效率。若公司的债务期限短于资产期限，则公司会面临较高的到期债务违约成本；若公司的债务期限长于资产期限，则公司的资金持有成本将会大大增加。因此，为了降低公司的债务融资成本，应当尽量使债务期限和资产期限趋于一致。

总之，通过对上述九个终极控制权对融资行为影响的理论的介绍和分析可以得出结论：部分理论认同目标资本结构的存在，而部分理论则否认目标资本结构的存在。其中，静态权衡理论、动态权衡理论和资本结构的代理成本理论支持目标资本结构的存在，而信号传递理论、优序融资理论和市场时机理论则反对目标资本结构的存在。这些理论之所以存在这种区别，其决定性的因素是关于成本（融资成本或调整成本）的假设不同。

第 3 章　相关实证研究文献综述

3.1　终极控制权结构的实证研究文献综述

1. 国外终极控制权结构的实证研究

国外学术界在拉·波塔等人研究的基础上，广泛运用拉·波塔、拉·德·西拉内斯和施莱弗提出的追溯控制链的方式，从所有权与控制权、两权分离度、终极控制人性质等多维视角来研究终极控制权，并对公司治理的相关问题展开研究。

相关学术研究主要集中在以下两个方面。

1）研究终极控股股东实现两权分离的模式及两权分离度的测算。

2）研究终极控制权的相关特征对公司经营决策的具体影响。

克莱森斯等人基于拉·波塔、拉·德·西拉内斯和施莱弗的研究，首次提出了两权分离度的计算方法。作为终极控制权的最主要特征，两权分离度水平可以用现金流量权与投票权的比值（CF）来进行衡量。通过对东南亚新兴市场的 2980 家上市公司的控制权结构进行研究，结果表明，该地区超过 2/3 的上市公司存在着终极控制人。家族控制企业是一个普遍现象，而且多数企业的管理层同时被终极控股股东参与或控制。控制家族通过构造金字塔股权结构，往往能够以较少的现金流量权来实施对上市公司的超额控制。因此该类公司的两权分离度也最高。在两权分离存在时，控制权的提升会降低公司的价值，并且两权分离度越大，负面效应越明显。法西奥等人对欧洲五个国家（英国、法国、爱尔兰、意大利和西班牙）上市公司的终极控制权情况进行了研究，结果发现，这五个国家的上市公司也普遍存在家族式终极控制权，并且控制家族在控制权结构安排中大量采用金字塔结构，进而导致较高水平的两权分离。凉太指出，由于处于金字塔底层的企业中存在着两权分离的特征，因此终极控股股东能够以较低的成本转移金字塔底层企业的资源。而处于控制链条上层的终极控股股东的现金流量权较大，因此当公司内部出现严重危机时，终极控制人往往会牺牲金字塔底层企业的利益来使得自身度过危机。戈德候姆等人对欧洲、亚洲、美国上市公司的控制权状况进行了统计分析，结果显示，欧洲上市公司拥有终极控制权的比重为 86.72%，亚洲上市公司拥有终极控制权的比重为 79.72%，美国上市公司拥有终极控制权的比重为 59.74%。另外，他们还对上市公司实现两权分离的模式进行了比较研究，发现大股东对中小股东进行利益侵占是借助其控股链条以关联交易的形式来实现的。克莱森斯等人对东南亚八个国家和地区的 1300 余家上市公司的数据进行研究，分析终极控制权的存在是否会给实际控制人带来两种效应：堑壕效应（两权分离提升带来利益背离，降低企业的价值）和激励效应（现金流量权与两权分离提升带来利益趋同，提升企业的价值）。实证结果表明，堑壕效应与激励效应同时存在于上市公司中。雷蒙和林斯研究了金融危机期间东南亚八个国家上市公司的终极控制权对企业价值的影响。实证发现，金融危机不仅恶化了企业的外部经营环境，也加剧了终极控股股东对上市公司的掏空行为。两权分离度大的上市公司的股票收益率要低于两权分离度小的一般上市公司的股票收益率，但是两权分离度大的上市公司的企业绩效与两权分离度小的一般上市公司的企业绩效之间并没有显著的区别。杜菊兰在研究了中国台湾上市公司的终极控制权与资本结构之间的关系后指出，基于负债的股权非稀释效应，两权分离越高的企业越倾向于采用较高的杠杆水平，以此控制企业更多的资源。博泽克和劳林使用多种经营业绩指标[净资产收益率、资产收益率、投资回报率]研究了加拿大上市公司的两权分离状况与企业绩效之间的关系，结果显示，从行事动机与投机机会两个方面来看，更低的现金流量权与更高的自由现金流量会加剧控股股东对中小股东利益的侵占行为。

2. 国内终极控制权结构的实证研究

国内学者对于终极控制权的研究起步相对较晚，基本上也是运用拉·波塔、拉·德·西拉内斯和施莱弗提出的追溯控制链的方式，结合我国上市公司实际情况，对国外学者的相关结论进行本土化的实证研究。刘芍佳等（2003）是我国最早按照拉·波塔、拉·德·西拉内斯和施莱弗所论述的终极产权模式对终极控制权进行研究的学者，通过问卷调查的形式，对我国上市公司终极控股股东的情况进行了研究。同时，对我国上市公司控制类型与控股股东属性进行了分类，从终极产权的视角系统地研究了代理效率损失与股权结构之间的关系。叶勇等（2005）基于终极产权论中控制权主体的分类方式，对 2004 年 1 月 1 日前沪深两市 1260 家上市公司进行实证研究，结果显示，在我国上市公司的终极控制人主体中，政府机构占比约为 70%，但是这个比例在近几年呈现迅速下降的趋势。从赢利情况来看，国有控股上市公司的赢利水平与非国有控股上市公司的赢利水平之间并不存在着显著的差异。王鹏和周黎安（2006）使用与克莱森斯等人相类似的研究方法，对 2001 年到 2004 年我国上市公司的面板数据进行了分析，将 Tobin's Q 值作为衡量企业绩效的指标，实证研究了我国上市公司的终极控制权与企业绩效之间的关系，得出了与国外学者基本相同的研究结论：在我国上市公司中，现金流量权的提高代表了激励效应，进而改善上市公司绩效；而两权分离度的提高则代表了堑壕效应，导致企业绩效的下降。孙健（2008）研究了上市公司的两权分离问题，其在研究中以终极控股股东在董事会中所占的比例作为剩余控制权的变量，构建了全新的两权分离度衡量标准，研究结果表明，为了便于控制权私有收益的获取，上市公司的终极控制人倾向于以发行债务的方式控制公司更多的资源。虽然目前国内上市公司的董事会中独立董事所占的比例较低，但是独立董事的存在对终极控制人的掏空行为有制止作用。俞红海等（2010）利用动态模型方法，从企业投资决策角度研究了终极控制权对上市公司的影响。其研究结果表明，虽然上市公司股权集中的现象会导致企业的过度投资倾向，并且两权分离的出现会加大这一倾向，但是现金流量权的提高，以及良好的公司内部治理机制可以对其起到改善作用。肖作平（2012）以我国非金融上市公司为样本，研究了终极控制权与资本结构选择之间的关系。其研究结果表明，从终极控制权的性质来看，相对于民营控制人，国有控制人会选择更低的债务水平。而两权分离的现象会显著降低企业的杠杆水平，因为终极控股股东为了获取控制权私有收益，对上市公司进行掏空时会产生股权融资偏好，从而摆脱外部债务对于自身行为的制约。辛金国等（2014）的研究结果表明，直接上市的家族企业的公司绩效整体上优于间接上市的家族企业的公司绩效，家族企业的股权集中度与企业绩效呈现显著的倒 U 形关系，股权制衡程度与企业绩效之间负相关。吴惠敏（2016）研究发现，家族成员所有权集中度、管理权集中度及权力偏离度对企业的经营绩效和市场绩效都有一定的影响。与此同时，差序格局的横向维度亲缘关系能够显著降低家族权力的配置成本和使用成本，进而提升企业的财务绩效；当差序格局的纵向维度家长权威较强时，权力相对集中对提高企业的财务绩效更为有效。

3. 相关文献的简要评述

在拉•波塔、拉•德•西拉内斯和施莱弗提出终极控制权之前，关于公司治理问题的探究一般以股权结构安排作为逻辑的起点，而拉•波塔等人的研究为公司治理研究开创了全新的思路和领域。随后，一些学者研究了两权分离的产生与两权分离度的测算，为后来的学者进一步深入研究终极控制权的相关问题作出了重大贡献。后来，学者们的相关研究证实了在股权集中度高的上市公司中，终极控制权、现金流量权及两权分离的现象对企业的经营决策有着重大的影响。由于在上市公司中，两权分离是普遍存在的现象，因此终极控制人对于中小股东利益的侵占问题也成了公司治理领域重点研究的问题之一。当前国内学术界对于终极控制权的研究还不够深入，大量的研究主要集中在终极控制人性质及其对企业价值的影响层面。刘芍佳、叶勇等学者通过对国内上市公司的研究，得出了与国外学者相类似的结论。另外，还有较多的研究是基于国外已有的理论及其实证结论对我国上市公司终极控制权结构的再次验证。这些研究在一定程度上揭示了终极控制权结构下终极控制人的存在对我国公司治理的影响。但就目前看来，只有少数学者研究了终极控制权与资本结构之间的关系。目前，我国上市公司普遍存在着股权集中的现象，终极控制人往往利用自身强大的控制权，直接越过管理层对企业进行控制。作为企业的经营决策，公司资本结构决策自然也会受到终极控制权的影响，肖作平和孙健的研究证实了这一点。但是他们是从静态的角度进行研究，仅仅研究了终极控制权与企业杠杆水平之间的关系。因此，本研究试图以我国上市家族企业为样本，从动态的角度研究终极控制权与资本结构之间的关系。

3.2　终极控制权与公司绩效关系的实证研究文献综述

关于终极控制权对公司绩效影响的研究是国内外公司治理研究的热点之一，涌现出了大量的研究成果，以及具有实践指导意义的公司治理规则。国内外研究的焦点主要集中在以下五个方面。

1. *上市公司是否存在着两权分离*

拉·波塔等人开创了终极控制权研究的先河。其针对全世界 27 个富有经济体进行研究，以 20%投票权为最终控制形态划分标准，以各国最大的公司为研究样本，并首次沿着所有权的链条追溯谁拥有最大的投票权。研究结果发现，除了美国、英国及日本的公司显示出较高程度的股权分散比率之外，大多数国家的公司只存在唯一的终极控股股东，有 17 个国家的公司是以家族控制为主要形态，其中的 11 个国家的公司由于投资者保护制度较不完善而显示出较高的家族控制比例，而且其控制权大多集中在家族或政府手中，终极控股股东的控制权会超过现金流量权，从而得到与其所持股份比例不对称的额外收益。例如，日本与韩国的公司显示出较高程度的股权分散比率，中国香港的公司大多由家族控制，而新加坡的公司则有半数以上是由政府控制的。克莱森斯等人参考拉·波塔等人的研究方法，探讨东南亚 11 个国家共 2980 家上市公司的股权结构，研究结果也发现，东南亚上市公司受家族控制是一个普遍现象，而且多数企业的经营层同时被终极控股股东参与和控制，控制家族往往通过构造金字塔股权结构，以较少的现金流量权来实施对上市公司的超额控制。法西奥对西欧国家上市公司进行了类似的研究，结果发现，除了英国、爱尔兰等少数国家之外，其他西欧国家上市公司的终极控制人为家族的比例大多为 50%。控股股东通过金字塔持股或交叉持股的形式，以较少的资本实现对上市公司的控制。林斯以 18 个国家 1433 个公司为样本进行研究发现，大股东控制造成了控制权与现金流量权的高度分离，是组成东南亚新兴市场的国家和地区企业的一个重要特征。国内大多数学者也认为我国上市公司存在着终极控制权与现金流量权的分离。这种两权分离的现象不仅存在于国有上市企业中，也存在于民营上市企业和上市家族企业中（张欣哲等，2012），通过金字塔股权结构等方式使其终极控制权与现金流量权产生偏离（叶勇等，2007）。家族控制公司比政府控制公司具有更高的两权分离系数（李善民等，2006）。我国上市家族企业的现金流量权与控制权的分离率甚至达到62%，这种两权分离程度在整个东亚国家和地区中是最高的（谷祺，邓德强，路倩，2006）。

2. 终极控制权与公司绩效的关系

1999 年，克莱森斯等人对东南亚多个国家的 2568 家上市公司的研究发现，控制权与企业价值之间负相关。2000 年，克莱森斯等人又对东亚多个国家和地区的 1301 家公司进行了研究，结果发现，随着公司终极控股股东控制权的增加，公司的价值会下降。丹蒂实证分析了巴西公司的股权结构，发现家族终极控股股东的控制权与公司的业绩（用资产回报率表示）之间负相关。目前，我国学者基本认为：我国上市公司的终极控制权与公司绩效之间存在着负相关关系（谷祺，邓德强，路倩，2006），（许永斌，郑金芳，2007），（许永斌，彭白颖，2007），（石水平，石本仁，2009），（汤小华，2008），（张天阳，李丹，2009），（刘锦红，2009）。终极控股股东的控制权有利益侵占效应（王鹏，周黎安，2006）。终极控股股东对上市公司存在“堑壕效应”，从而降低了上市公司的绩效（杨淑娥，苏坤，2009）。终极控制权集中度和外部制度环境之间存在交互作用，在外部制度环境水平低的情况下，终极控制权集中能够有效地提升公司绩效（甄红线等，2015）。终极控制权与公司绩效之间的关系因为公司性质的不同而呈现不同的结果：在国有企业中，两者呈微弱负相关关系；而在非国有企业中，两者呈显著正相关。终极控制权和现金流量权的分离程度与公司绩效呈显著负相关，即两权分离程度越高，其公司绩效越差（刘朝法，2017）。

3. 现金流量权与公司绩效的关系

目前，国内外学者关于现金流量权与公司绩效之间的关系尚无统一的定论，且存在重大分歧现金流量权和公司绩效之间归纳起来主要有四种关系。

1）现金流量权与上市公司绩效之间呈正相关。克莱森斯等人研究发现，所有权与企业价值之间正相关，目前国内许多学者认为，现金流量权与公司绩效之间呈显著正相关（朱滔，2007），（许永斌，彭白颖，2007），（马连福，陈德球，高丽，2007），（杨淑娥，苏坤，2009），（张东宁，马昭，2011），（宋巨生，2016），（刘朝法，2017）。上市家族企业的现金流量权对公司价值具有较强的激励效应（刘阳，罗时宇，2012）。现金流量权具有正的激励效应（王鹏，周黎安，2006）。

2）现金流量权与上市公司绩效之间呈负相关。丹蒂实证分析了巴西公司的股权结构，发现在家族作为终极控股股东的公司中，金字塔股权结构及无投票权股与大公司的业绩之间呈显著负相关。国内也有部分学者认为，我国上市公司现金流量权比例与公司绩效之间负相关（谷祺，邓德强，路倩，2006）（刘锦红，2009）或显著之间负相关（马连福，陈德球，高丽，2007）。

3）现金流量权与上市公司绩效之间存在着倒 U 形关系。国内部分学者认为，我国上市公司现金流量权与公司绩效之间存在着倒 U 形关系（郑丹凤，刘朝马，2010），（冯旭南等，2011）。最终现金流量权与掏空行为呈现U形曲线关系，而掏空行为会导致上市公司绩效下降（王淑湘，2012）。

4）现金流量权与上市公司绩效之间相关性不强。国内也有部分学者认为上市公司现金流量权与公司绩效之间相关性不显著（王鹏等，2006），（胡科，张宗益，2010）。

目前，从总体上看，较多学者认为现金流量权与公司绩效之间呈正相关。

4. 两权分离与公司绩效的关系

施莱弗和维希尼、麦康奈尔和瑟韦斯在美国资本市场背景下检验发现，股东持股比例与企业价值之间是非线性关系。一方面，股东持股比例的增长会促进企业价值的增长，但是增长的速度递减；另一方面，当股东实现了对公司的有效控制之后，随着控制权和股权之间差距的扩大，将导致企业价值下降。这意味着大股东的控制有两种效果：达到超级控制之前，更接近于“利益趋同效应”；实现超级控制之后，更容易产生“利益侵占效应”。克莱森斯等人研究发现，所有权与控制权的分离与企业价值之间负相关。随后，克莱森斯等人又对东亚多个国家和地区的 1301 家上市公司进行研究后发现，所有权与控制权的分离度越大，这种负相关效应就越明显。林斯研究发现，当终极投股股东控制权超过现金流量权时，将导致公司市场价值下降。

玛兹卡等人以英国非金融类上司公司为样本研究发现，终极投股股东现金流量权与控制权偏离对公司价值产生负面影响。国内大多数学者认为，我国上市公司两权分离与公司价值负相关（苏启林，朱文，2003），（张华，张俊喜，宋敏，2004），（谷祺，邓德强，路倩，2006），（叶勇等，2007），（许永斌，彭白颖，2007），（朱滔，2007），（杨淑娥，苏坤，2009），（张耀伟，2009，2011），（沈炳珍，熊芳，2011），（张东宁，2011），（刘阳，罗时宇，2012），（宋巨生，2016）。随着两权分离程度的增加，公司绩效将下降（王鹏，周黎安，2006）。

5. 股权集中度与公司绩效的关系

施莱弗和维希尼认为，最为普遍的良好的公司治理方式有两种：投资者法律保护和集中所有权。在投资者法律保护较弱的国家和地区，集中所有权十分重要。集中所有权的最关键的形式是集中股权。股权集中度是指全部股东因持股比例的不同所表现出来的股权分散还是股权集中的数量化指标。伯利和米恩斯是最早对股权集中度与公司绩效之间的关系进行研究的国外学者，他们发现股权集中度与会计利润率之间呈正相关。劳埃德等人的研究表明，对由“所有者控制”的股权集中的公司而言，公司的市值对销售额的比率更大。霍尔德内斯和希恩研究了两类上市公司：拥有绝对控股股东的上市公司和股权非常分散的上市公司（最大股东持股比例少于 20%）。通过对这两类上市公司的经营业绩进行比较（比较两者之间的 Tobin's Q 与会计利润率），结果显示，这两类公司的经营业绩不存在显著差异，即公司的股权结构与公司绩效之间不存在相关性。施莱弗和维希尼等人研究了最大股东现金流所有权和公司收益之间的关系，研究发现，所有权集中度在 0～5%时公司盈余上升，然后开始下降。有学者解释此现象产生的原因与减少代理成本的动机和作用相同，大股东所有权更高的企业的经营业绩在刚开始时会提高，但是当所有权集中度超过一定临界点之后，大股东几乎获得了公司所有的控制权，攫取不能被中小股东分享的控制权私有收益，从而导致公司绩效下降。迈尔汉通过分析 500 家制造业上市公司的数据发现，股权结构先影响公司的投资，进而影响公司的价值。他将内部股东拥有的股权分为 0～8%、9%～38%、39%～100%三个区间。在区间一，公司的价值随着内部股东拥有股权比例的增加而增加；在区间二，公司价值随着内部股东持有股权比例的增加而减少；在区间三，公司价值随着内部股东持有股权比例的增加而增加。此外，研究结果还表明，股权结构是一个内生变量。彼得森等人研究了 435 家欧洲大型上市公司的股权集中度与公司绩效之间的关系，研究结果表明，两者之间呈现非线性关系，在股权集中度超出某一临界点后公司绩效反而下降。

国内学者对股权集中度与公司绩效之间关系的研究比较多，但是对两者之间关系的研究结论不尽相同，主要分为以下三种情况。

1）股权集中度与公司绩效之间呈正相关。梁彤缨等（2012）研究了前 5 位大股东持股比例与 Tobin's Q 的关系，研究结果表明，股权集中度与公司绩效之间呈显著正相关。吴世飞（2016）研究了股权集中度与公司绩效之间的关系，发现股权集中度与公司价值成长能力之间呈显著正相关，即大股东可以促进公司价值创造能力和相对价值的提高。张瑞君（2012）研究了第一大股东持股比例与 Tobin's Q 的关系，研究结果显示，从总体上来看，有一定股权集中度、有相对控股股东并且有其他大股东存在的股权结构有利于企业的收购兼并、代理权竞争及经营激励与监督机制发挥作用，具有该种股权结构的公司的绩效趋于最大。王墨文（2014）的实证研究结果表明，家族企业通过不同途径取得控制权后其股权结构对公司绩效的影响结果也不同：直接上市家族企业的股权集中度与公司绩效之间呈正相关。范黎波等（2016）研究发现，对规模小且家族成员所有权集中度高的家族企业而言，家族化管理有利于提高企业绩效。

2）股权的集中度与公司绩效之间呈负相关。于东智、胡国柳和王化成（2006）对我国上市公司进行研究，研究结果表明，股权集中度与企业投资多元化水平之间呈负相关，从而影响公司治理的效率和效果。刘国亮、王加胜（2000）通过实证研究得出了股权集中度与公司绩效之间呈负相关的结论。徐萍萍等人（2010）研究发现，在我国上市公司中过高的股权集中度对公司业绩有着负面影响。赵景文和于增彪（2005）研究发现，股权制衡公司的经营业绩比“一股独大”公司的经营业绩要差，因此得出“一股独大”未必不好的结论。

3）股权集中度与公司绩效之间基本不相关。刘行等（2012）在进行实证研究后发现，股权集中度与公司绩效之间不相关。蔡安辉（2011）通过研究发现，由于其他大股东身份的限制，导致股权集中度与公司绩效之间的相关性较弱，并且指出目前上市公司采用的适度股权集中可能还有利于提高公司的绩效。

3.3 终极控制权与投资关系的实证研究文献综述

迪克和津加莱斯认为，控制权利益的内生性使得控股股东会利用更加隐蔽的契约方式来获得控制权私有收益，因此当个人收益不能得到保证时，控股股东会在不被外部股东发现的情况下获取个人收益。关于控制权对投资影响的理论研究大多是在对现金流的敏感性进行变量测试的条件下进行的，其主要原因是难以具体测算控制权私有利益。除了从投资现金流的敏感性的角度进行研究之外，还有学者从控制权和现金流量权两权分离的角度、终极控制人性质的角度对终极控制权与投资之间的关系进行实证研究。

1. 从投资现金流的敏感性角度进行的研究

沃格特实证研究了公司治理因素对非效率投资的影响。研究结果显示，当公司的投资与现金流之间呈正相关时，表明随着投资的增加，企业的现金流也相应增加；反之，当公司的投资与现金流之间负相关时，表明随着投资的减少，企业的现金流却在增加，即出现了过度投资。该研究还发现，当影响公司治理的其他相关因素使得现金流系数降低时，受公司治理的相关因素的影响，企业现金流的敏感度会降低。朱利安等人的研究表明，公司管理层的持股比例是公司投资不足的主要影响因素。当企业的主业为工业时，且该企业在拥有大量股份的情况下，其投资与现金流有关联。公司控股股东的投资和现金流之间呈正相关。哈德洛克通过研究发现，过度投资或投资不足是影响现金流的敏感性的主要原因。若企业管理者的过度投资是影响现金流的敏感性的主要原因，则基于管理者和股东之间的利益联合，现金流的敏感性将会相对提高。如果企业管理者的投资不足是影响现金流的敏感性的主要原因，那么基于管理者和股东之间的利益联合，现金流的敏感性将会相对降低。国内也有学者从投资现金流的敏感性的角度进行研究。陈德球等（2012）研究发现，家族超额控制降低投资—股价敏感度的动机在地方政府治理水平较差的家族企业中更为显著，并且会降低投资对公司业绩的贡献程度。冯宝军等（2013）的实证研究表明，控股股东持股的比例和企业投资现金流的敏感性之间呈现倒 U 形的关系。控股股东和其他中小股东对投资现金流的敏感度的作用与自由现金流一致。从企业控股股东的视角看，其在投资与利益相关的项目或者执行激进的投资决策时，控股股东个人的控制权利益和额外利益都可以得到满足。因此，在股权制衡度相对较弱的情况下，企业有着较强的投资欲望，企业内部现金流对其影响也最大。但是在“一股独大”的企业中，企业控股股东的持股比例和企业投资现金流的敏感性之间负相关，这也支持了在信息不对称前提下的企业投资行为理论。吴明芳（2015）采用沃格特的研究范式，即主要通过公司股权集中度和投资现金流的乘积来实证分析公司的控股股东对投资的影响。研究结果表明，过度投资是公司控股股东对投资的主要影响。并且公司控股股东的人数越少、股权集中度越高的公司，公司投资对现金流敏感度越低。增加控股股东的持股比例或股权集中度是提高公司绩效的主要方法，还能因此降低控股股东对中小股东利益的侵占，减少非效率投资。

2. 从控制权和现金流量权两权分离角度进行的研究

在金字塔股权结构中，企业控股股东通过过度投资行为而使外部股东利益受到损害。学者们通过研究发现，在金字塔股权结构中公司的控股股东更有可能利用公司的资源，并且在低融资成本条件下公司更容易发生过度投资行为，公司现金流量权与控制权的分离也会增加这种过度投资行为，因此公司的投资—现金流的敏感性较高。有研究指出，在金字塔股权结构下，公司股份存在价值损失现象。当企业的外部投资者预见投资回报率会下降，并且经过生产和投资后企业剩余现金流已经不多时，公司股份的价值将出现相应的折损，这种折损在理论上被称为代理成本和金钱性控制权个人收益。因此，在金字塔股权结构下，引起公司股份价值折损的主要原因不是掏空行为，而是过度投资行为。控股股东控制下的上市公司普遍存在错误的资本配置，并且随着两权分离度的增加而增加，这种现象在资产收益率表现不好的公司中更明显，在一定程度上限制了资本市场的健康有序发展。克雷格等人的研究结果显示，由于美国要求首次公开募股（initial public offerings，IPO）的信息披露制度高标准和透明化，使得企业获取利益的能力受到约束，因此控制权个人利益对控股股东、具有较强诱惑力的企业很少选择到美国IPO。因此，得出的结论是：控股股东的控制权越高且两权分离越多的企业，选择在美国IPO的可能性越小。随后，克雷格等人又通过对31个国家4000多家上市企业的数据进行分析后验证了该结论。后来，克雷格等人又采用比例风险（proportional-hazard）的方法对成功上市几率较低的两类企业进行验证。这两类企业分别是对管理者拥有较高约束的企业和控股股东的控制权超过现金流量权的企业。研究结果也表明，企业控股股东的控制力和企业的股权投资比率之间呈正相关。而股权投资比率随着两权分离度的增加而增加。与现金流量权带来的影响不同，两权的分离起着正向影响，表现为现金流量权对企业控股股东的支持，但是两权分离度的增加也增加了企业控股股东对其他中小股东利益的侵占。随着控股股东控制力的增强，而且能够控制多家上市公司，企业的股权投资行为会增多。韩志丽、杨淑娥和史浩江（2006）研究了金字塔股权结构下民营企业控股股东的非效率投资行为，分析了终极所有者的掏空行为和过度投资行为之间的关系。研究分析的结果表明，终极所有者的过度投资行为会受到企业融资限制的影响。若企业融资限制的情况较为严重，则过度投资行为会相应地发生。而在终极所有者拥有的现金流量权越小的情况下，过度投资行为会恶化。在投资者保护制度不健全、对投资者保护较弱的环境下，公司控股股东的过度投资行为较容易发生。彭文伟、冉茂盛和周姝（2009）研究发现，现金流量权、最终控制权对过度投资有抑制作用；当最终控制权与现金流量权分离时，最终控制人倾向于过度投资以实现隧道效应。孙晓琳（2010）的实证研究结果表明，我国上市公司内部现金流与投资之间呈显著正相关，过度投资能够更合理地解释这种投资现金流敏感度；终极控股股东的现金流量权与投资现金流敏感度之间负相关，具有抑制过度投资的“利益趋同效应”；终极控制权和所有权的分离与投资现金流敏感度之间呈正相关，表明两权的分离使得终极控股股东有能力和动机侵占上市公司利益，加剧过度投资，而较少的现金流能够有效地约束终极控股股东攫取利益，抑制过度投资。赵卿和刘少波（2012）研究发现，控制权与现金流量权的分离度对过度投资有显著正向影响。郝颖、李晓欧和刘星（2012）的研究表明，终极股东的现金流量权越低，越有增加固定资产、无形资产和股权并购的资本投入，以及削减研究与开发（R&D）投资的动机；终极股东自利动机下的投资选择，不仅降低了整体的资本配置绩效，还导致投资结构的异化。宋巨生（2016）的研究表明，终极控制人的现金流量权与公司的非效率投资支出水平之间呈负相关；控制权与企业的非效率投资之间呈现倒 U 形关系；终极控股股东的现金流量权和控制权的分离程度与非效率投资支出之间呈显著正相关。进一步研究发现，现金流量权与企业投资不足之间呈正相关，而两权分离度与企业过度投资之间呈显著正相关。

总之，两权分离导致的非效率投资分为投资不足与过度投资。我国学者多集中于对后者的研究，并且基本上认为终极控制权与现金流量权的分离会导致过度投资。

3. 从终极控制人性质角度进行的研究

我国学者主要从终极控制人性质的角度进行研究。安灵、刘星和白艺昕（2008）研究发现，相对于中央直属上市公司，地方政府控制的上市公司表现出强烈的过度投资倾向。张栋（2009）发现，终极控制人为国有性质的企业比终极控制人为非国有性质的企业更易过度投资。赵卿和刘少波（2012）认为，相对于私人控股的公司，政府控股的公司过度投资更严重。郝颖、李晓欧和刘星（2012）实证研究发现，随着现金流量权的降低，地方企业集团的固定资产投资规模和增速增大，地方资产公司的股权投资增长趋势更为强劲；民营企业终极股东自利动机对无形资产投资的影响不显著。杨兴全等（2012）认为，上市公司的政府控制性质在弱化管理层激励、抑制过度投资的同时，还会强化控股股东两权分离对管理层激励效应的负面影响。陈德球等（2012）的实证研究结果显示，家族超额控制降低投资—股价敏感度的动机在地方政府治理水平较差的家族企业中更为显著，并且会降低投资对公司业绩的贡献程度。蓝辉旋（2013）发现，在控制性股东股权结构下，国有上市公司容易出现过度投资行为；在非控制性股东股权结构下，国有上市公司的过度投资行为不显著。在控制性股东股权结构下，企业的过度投资行为与终极控股股东的控制权之间呈倒 U 形关系；在多个大股东股权结构下，上市公司的终极控制权与过度投资之间呈正相关。在控制性股东股权结构下和多个大股东股权结构下，负债与上市公司的过度投资行为之间负相关，负债能够减少上市公司的过度投资行为；在股权分散的股权结构下，负债与上市公司的过度投资行为之间不相关。总体而言，上市公司的金字塔股权结构与过度投资之间是倒 U 形关系。付文林等（2014）研究股权结构不同对企业（国有企业和非国有企业）的投资与现金流的影响，发现股权结构不同的企业，其控股股东的行为表现也不同。研究结果表明，在国有企业和非国有企业中，其控股股东的行为表现不尽相同。在国有企业中，企业的投资对现金流的依赖性较高，因此会出现投资过度的行为，侵占其他中小股东的利益是其主要表现；而在非国有企业中，融资限制是企业的投资与现金流的主要影响因素。韩丹等（2016）的实证分析结果表明，终极控制人为中央政府或地方政府的上市公司参股银行后其投资行为面临银行的软约束，使其过度投资或投资不足的现象更严重；而终极控制人非中央政府或地方政府的上市公司参股银行后其投资行为受到银行的硬约束，则可以有效地抑制其过度投资和投资不足。曾月明等（2016）研究发现，私企的会计稳健性最高，过度投资水平最低；央企的会计稳健性高于地方国企的会计稳健性，地方国企的过度投资水平则高于央企的过度投资水平。会计稳健性在私企发挥了缓解过度投资行为的治理效应，但是该治理效应在地方国企和央企都不显著。

总之，大部分学者认为，终极控制人为国有性质的上市公司比终极控制人为非国有性质的上市公司更易过度投资。

3.4 终极控制权与企业融资关系的实证研究文献综述

国内外学者主要从静态和动态两个角度，对终极控制权与企业融资之间的关系进行了研究。

1. 静态研究

国内外学者关于静态研究主要集中在四个方面，即公司特征、公司管理、制度环境和两权分离。

关于公司特征的实证研究主要集中于分析影响资本结构决策的不同因素。例如，公司的成长空间、债务税盾、有形资产和经营能力等方面的因素。王正位等（2011）实证研究后发现，企业的成长空间对企业的资本结构没有显著影响，对企业的资本结构影响较大的是企业产生现金流的赢利能力和企业成长的规模程度。肖作平（2010）的观点与其关于企业成长性的观点相符合，并且指出有形资产的重要性和债务水平与企业规模的大小之间呈正相关。陈德萍等（2012）关于债务水平与非债务税盾之间关系的研究结果也与上述说法一致。此外，陈艺萍等（2012）认为，公司规模大小与债务水平高低之间呈显著正相关。关于有形资产方面，苏坤等（2012）认为其与杠杆水平之间呈正相关。张春景等（2014）实证研究后发现，企业的成长空间和规模大小对其杠杆水平没有显著的影响，但是其与企业的赢利能力之间负相关。胡艳等（2015）指出，随着企业债务水平的提高，企业契约管理者的持股比例减少；而陈建林（2016）发现两者之间的关系应该是呈正相关的。企业控股股东的决策与企业管理者的决策一样，在公司治理研究中必不可少。冯旭南（2012）认为，大股东所持有的股份比例和企业的债务水平之间显著正相关。研究表明，对企业管理者而言，大股东对其监督和约束是充分有效的。拉·波塔将终极控股股东作为研究的重点，指出在集中所有权方式下，终极控股股东通过采用金字塔持股结构、交叉持股等方式能够掌握企业的融资决策权力。杜菊兰等人研究终极控制权与资本结构之间的关系，他们选用了九个国家上市公司的数据进行实证分析，研究结果显示，两权偏离数据更大的企业更趋向于选择高杠杆水平。纳阿里芬等人的研究结果与杜菊兰等人的研究结果基本相符，但稍有不同的是，纳阿里芬等人的研究结论更适用于处于财务困境的企业。法西奥等人提出，在对投资者保护较弱的环境下，在亚洲金字塔持股结构的公司里，子公司增加的负债不能约束控制性股东的剥削行为，因为负债能够被其他子公司循环担保，在被审计时能够通过集团内贷款或者转移定价的方式转移给其他子公司，而且如果子公司是通过隐蔽的控制网络建立的，甚至对债务违约也不会损害控制性股东的声誉。相反，子公司增加的负债却为控制性股东的剥削行为提供了便利，负债增加了控制性股东对公司更多资源的控制和对其他中小股东的剥削。布贝克选用了欧洲 300 多家企业的数据进行分析后发现，两权分离度导致更低债务水平的产生。因为随着终极控股股东与债权人之间冲突的加剧，债权人可能减少对企业的支持。也有学者经过研究后发现，在法律制度环境不健全的国家或地区，公司的负债水平随着现金流量权和控制权的分离度提高而提高；而在法律制度环境健全的国家或地区，则是不同的结果。韩亮亮和李凯（2007）的研究结论与布贝克的研究结论基本相似，认为两权偏离导致了更低的债务水平，但是两权的一致性与杠杆水平之间呈正相关。杜菊兰等人研究了终极控制人对资本结构选择的影响，并将结论归纳为两点，负债的股权非稀释效应和资产转移效应。杜菊兰等人还利用中国台湾上市公司的数据进行实证研究，研究发现，在中国台湾的上市公司中，现金流量权与表决权之间的偏离程度越高，越容易采用较高的负债比例，因此存在负债的股权非稀释效应。孙健（2008）的研究结果显示，终极控制人控制上市公司进行债务融资是为了通过举债的方式获得更多可控制的资源；在我国，相对于国有企业的终极控制人，民营企业的终极控制人的上述动机更加明显。苏坤和张俊瑞（2012）研究发现，与非国有控制公司相比，国有控制公司终极控股股东通过扩大负债融资获取私有收益的动机相对较弱，其两权分离程度对资本结构的正向影响也相对较小。肖作平（2012）也认为两权偏离度与企业的杠杆水平之间负相关。现金流量权与债务水平之间呈正相关，控制权与债务水平之间负相关，控制权和现金流量权的分离度与债务水平之间负相关，而且控制权超过现金流量权的公司具有显著低的债务水平。研究还发现，终极控股股东是国有上市公司的债务水平显著低于终极控股股东是民营等非国有上市公司的债务水平。宋巨生（2016）研究后也发现，当两权分离度提升时，终极控制人对企业进行的掏空行为会显著影响企业的资本结构决策，现金流量权和控制权的分离度与资本结构调整速率之间呈正相关。此外，在两权分离度较高的公司中往往存在复杂的控制链结构，决策层与企业管理层之间的距离拉大会降低经营决策的效率，资本结构调整速率也会显著减慢。

2. *动态研究*

国内外的学者关于动态研究主要涉及“支持企业存在目标资本结构”和“企业的目标资本结构是相应变化的”两方面的理论。前者的主要代表理论是优序融资理论和市场时机理论，后者的主要代表理论是动态权衡理论。

在目标资本结构受到不同的理论及众多实证支持后，优序融资理论的提出者梅尔斯也认可存在着目标资本结构。1999 年，梅尔斯等人提出，企业的现金流受商业周期波动的影响，在某段时间内资本的投资会呈现密集的状态。因此梅尔斯提出，优序融资理论也会相应地产生回到平均水平的现象。但是他们的研究结论遭到了一些学者的反对。弗兰克和戈伊尔的研究显示，梅尔斯等人之前提出的模型适用范围较小，其主要适用于有历史背景的大公司，而规模较小的公司则更多地采用权益融资，其融资比例要高于债务融资，这与优序融资理论的结论相悖。陈少华（2013）发现，当上述模型成立时，会导致净债务发行与资金缺口的回归系数趋向于 1，这与实际检验结果不符合。哈尔沃提出，信息不对称的影响决定了优序融资理论的适用性，当信息不对称的影响扩大到有关公司的风险层面而不仅仅是停留在价值层面时，大多数企业会优先选择股权融资。

市场时机理论的核心观点是，企业的资本结构是企业在市场时机的融资决策行为的基础。由于投资者是非理性的，因此使得市场定价与企业的价值不符。在股票处于高估状态时，企业的管理者往往会选择合适的市场时机来进行股票融资，从而降低新股发行抑制价格的影响；而在股票处于低估状态时，企业的管理者往往会选择合适的市场时机来进行股票的回购。于蔚等（2012）对国内深交所上市的超过 400 家公司的数据进行分析，分析结果表明，超过 88%的企业认可目标资本结构存在的重要性和必要性。在认可目标资本结构的存在之后，学者们将研究的重点放在影响目标资本结构结果的重要因素上。学者们在取得众多研究成果的基础上，将影响目标资本结构结果的重要因素归纳为两点：企业自身的因素和企业之外的制度。黄辉（2010）同时提出了企业自身的因素主要包括企业的成长空间、赢利能力及企业规模的大小和非债务税盾等。霍阿克米还提出了企业的研发强度也是影响企业自身的重要因素。此外，法马等人认为市场价值的波动也是一个影响企业自身的重要因素。在这些因素中，有部分影响因素，包括公司的成长空间、赢利能力及公司规模的大小、非债务税盾等，在不同的国家和地区中表现稳定，它们之间呈现显著相关的关系。而关于企业之外的制度方面的研究，都是建立在目标资本结构及其目标值不存在偏离假设的基础之上的。利维等人的研究首次提出了宏观环境对目标资本结构和融资行为决策的影响。随后在 2007 年，利维等人的研究结论支持了这个观点，这些学者研究的理论核心主要是管理者的融资决策与代理冲突的关系。研究结果显示，管理者的融资决策在不同的经济形势下是不同的。在经济环境良好的状态下，企业会优先选择权益融资；而在经济环境不好的情况下，企业更倾向于选择债务融资。王正位（2011）的研究发现，股票融资政策的约束影响了企业的资本结构，因此企业的目标资本结构也会发生相应的变化。

关于动态权衡理论，梅尔斯最早提出调整成本的概念。在调整成本的情况下，企业向目标资本结构调整并不是最佳的选择。在调整成本小于其收益的情况下，企业将接近于目标资本结构，但是其完成的程度还取决于资本结构相应的调整成本与企业的理性投资之间的利益拿捏。而当调整成本大于其收益的情况下，企业的不作为将使企业偏离其目标资本结构。对于公司治理行为而言，调整成本有着非常重要的意义。在调整成本这一概念被认可之后，众多学者研究了调整成本的影响因素。齐普拉科夫等人将企业的价值和企业的投资决策引入资本结构，建立了一个资本结构模型，分析了财务困境成本和代理冲突问题对调整成本的影响，并且认为激励是影响资本结构偏离的主要原因。研究结果表明，存在于股东和债权人之间的代理成本、财务困境成本、破产成本和税收利益等是资本结构动态调整的决定性因素。其他一些学者的研究文献也支持了齐普拉科夫等人的研究结论，并且提出在财务困境成本和代理冲突问题等因素的影响下，企业趋向于采用保守型资本结构。这是因为代理冲突导致了调整成本的增加，企业缺乏向最佳资本结构方向调整的动力。与代理冲突的情况不同，财务困境成本的存在降低了资本结构的调整成本。

综上所述，国内外的学者们在研究了企业特征在资本结构中所起到的影响和作用之后，接着研究了公司治理对资本结构的作用，研究了管理者和大股东的持股比例及终极控股股东的持股比例分别对资本结构的影响，这些研究大多是从相对静态的视角进行观察与分析的，缺乏相关动态视角的观察与分析。在有关目标资本结构的文献研究中，主要是研究财务困境成本、信息不对称等因素对目标资本结构的影响，其中大部分的文献研究从企业管理者和股东的角度提出了代理冲突对资本结构的影响，缺乏有关终极控股股东和外部投资者之间的代理成本对资本结构影响的文献研究。杜菊兰等人的研究指出，关于终极控股股东对资本结构影响的研究中没有加入对资本结构内生性的思考，而缺少这种思考将会导致文献研究和实证研究的结果存在偏差。因此，目前学术界缺乏关于制度环境、制度环境对代理冲突和资本结构影响的研究。

在相对较少的相关动态视角的观察与分析中，大部分文献研究通过分析调整成本的不同类别及其构成因素，进而解释了调整成本对于目标资本结构的影响和作用，但是关于企业所有权结构对企业的信息不对称、代理成本等方面影响的文献研究偏少。此外，由于不同国家和地区的制度环境不同，其对调整成本的影响也不同。因此，本研究根据我国的制度环境来分析调整成本及代理冲突和企业的融资限制在资本结构中的影响和作用。目前，在对资本结构调整速度的研究中，学者们大多将研究的重点放在资本结构调整速度的影响和决定因素上。文献研究指出，影响资本结构调整速度的因素有企业特征、现金流和制度环境等。而实证研究方法的不同，也决定了资本结构调整速度大小的不同。但是，从终极控股股东和外部投资者之间的代理冲突的角度研究分析资本结构调整速度的学者并不多。因此，笔者认为，从终极控股股东和外部投资者之间的代理冲突的角度来分析影响资本结构调整速度的因素，对于资本结构的研究具有一定的现实意义和开拓意义。

第 4 章　终极控制权与现金流量权的偏离

本章在前面的理论和文献综述的基础上，尝试对终极控制权进行经济学解释，然后对终极控制权与现金流量权偏离的实现机制进行简要的介绍和分析。

4.1　终极控制权的经济学解释

终极控制权是终极控制人拥有的对公司的控制权。终极控制权的内涵包括以下两个部分。

1）终极控制人通过持有公司的股份而获得对公司的实际控制权。

2）终极控制人通过控制董事会而获得公司的剩余控制权。在公司里，由于契约（合同）的不完备性，终极控制人通过剩余控制权来实现其效用最大化。

终极控制权的控制是多级的，而且终极控制人的控制权与其所有权（现金流量权）是不相等的，即存在着偏离，这是终极控制权的基本特征。

公司的控制权与所有权（现金流量权）之间出现偏离的原因，涉及公司的本质。通过对新制度经济学关于公司本质的研究发现，控制权与现金流量权之间的分离归根到底是关于企业剩余索取权和剩余控制权的分配问题。

1. 企业理论与剩余控制权

（1）新古典经济学的企业理论——基于信息的完全性

在传统的新古典经济学分析中，企业只是一个“生产函数”，它描述的是在可行的技术条件下任何一组投入所能产生的最高产出的一种关系。这种关系隐藏的基本假设是完全理性的人和完全的信息。在这样的假设下，企业只是按照利润最大化的产量来进行生产，不存在任何代理问题，也不存在激励与约束的问题。但是在实际生活中人是有限理性的，并且信息是不完全对称的，因此企业并不能单纯地以一个投入产出的模板出现，而是一个更为复杂的系统。

（2）新制度经济学的企业理论——基于信息的不完全性和契约的完全性未能提出剩余控制权

新制度经济学开启了真正意义上的企业理论研究，开始注重研究企业存在及其发展的原因。新制度经济学主要包括产权理论、交易费用理论和委托代理理论。它认为，企业在本质上是一种契约关系或契约网络，是一种节约交易费用的制度装置或契约安排。

科斯从交易成本的角度指出，企业是为了节约市场交易成本而产生的、用以替代市场价格机制的一个行政权威机制，是以一个相对固定的长期契约来替代市场，并认为企业的规模会一直扩张到企业组织一次交易的边际成本等于市场组织该项交易的边际成本为止。科斯对于企业的理解仍然不够全面。例如，他不能对企业这一契约结构为什么能够节约交易成本，行政权威机制究竟依据什么进行企业内的要素配置，为什么不同企业的交易效率不同等一系列问题作出科学合理的解释。虽然科斯未能成功揭示企业的本质，但是他的贡献在于指出了一条可供进一步探索的道路，并且提供了相应的研究工具——交易成本。因此，科斯对企业存在的解释同样可以用来解释市场的存在。

阿尔钦和德姆塞茨从团队生产和信息成本的角度研究了古典企业产生的，同时还分析了其他类型的企业，指出企业的实质是一种特殊的契约，将一组联合的生产要素组织起来投入团队生产，这种契约能够推动团队生产效率的提高。他们强调在这样的情况下将企业的剩余索取权分配给企业的监督者是最合理的制度安排。詹森和梅克林认为，企业是介于生产者与消费者之间的一组契约关系的联结中枢，它使目标不同的个人或组织在一个契约关系框架下达成均衡的法律虚构。张五常（1983）进一步研究了企业的性质，指出科斯关于企业替代市场的观点不完全正确。他认为，企业也是一种市场制度，其性质在于劳动要素市场取代了中间产品市场，提高了交易效率，或者说是以一种类型的契约取代了另一种类型的契约。克莱因和威廉姆森、克劳福德和阿尔钦等人继承了科斯的交易成本思想，并予以细化，即从交易双方的特异性投资和资产专用性这一影响交易成本的具体交易维度的角度讨论了企业的性质。他们认为，企业和市场是两种可以相互替代的规制结构；特定类型的交易要有特定的治理结构来进行组织和管理，以节约交易费用；一项交易被置于不同规制结构下会带来不同的生产成本和交易成本，但是交易成本的差异主要取决于交易所涉及的资产专用性。若交易所涉及的资产专用性越高，则该交易在企业治理结构下的成本越低。

但是，由于上述传统的企业理论都未能提出剩余控制权的概念。委托代理理论虽然考虑了信息不对称和激励问题，但是它建立在事后不需要再谈判的完全契约的基础上。由于一切都按照事前预期和约定好的进行，所以无论在何种产权结构下，也无论交易发生在何处，都能设计出最佳契约，都能很好地解决激励问题和降低交易成本，因此委托代理契约是完全契约，忽视了契约的不完全性。

（3）剩余控制权的提出——基于契约的不完备性

格罗斯曼和哈特最早提出剩余控制权的概念，进一步发展和完善了科斯开创的企业理论。他们明确提出企业契约的不完备性，并用剩余控制权来定义企业所有权（产权），认为产权是剩余控制权形式的资产使用权利。因此，当契约权利不能完全明确规定时，由一方购买所有未曾明确的剩余权利是最优的选择，即所有权是对剩余控制权的购买。哈特和莫尔在此基础上进一步将企业的契约性控制权分为特定控制权和剩余控制权两种类型。他们认为，剩余控制权（产权安排）的重要性来自于契约的不完全性。当契约不完全时，就出现了“当契约中未预料到的事件出现时谁说了算”的问题，这就涉及剩余控制权问题，即所有权问题。按照其理论的分析框架，契约的不完全性导致了剩余控制权问题，即在契约未说明权利的归属和行使问题的情况下，对事后剩余权利的分配，即剩余控制权的配置，反过来又会影响事前的投资激励，无剩余控制权的一方由于担心事后的利益损失而会降低投资意愿。

如果契约是完备的，那么此前科斯、阿尔钦和德姆塞茨、詹森和梅克林及张五常（1983）等研究的问题就都不成为问题。因为如果所有的事件都能被订立契约的人想到（无限理性）并写进契约里，那么无论是以企业形式还是市场形式已经不重要了，只需要按照契约所规定的内容履行义务就可以获得相应的权利。正是因为契约的不完备性，所以在契约约定之外的权利就是一种剩余权利，包括对企业真正剩余（盈余或现金）的索取权和对契约未约定的特殊事件的处置权（控制权）。周其仁（1996）则从“市场里的企业是一个人力资本与非人力资本的特别契约”的观点出发，指出人力资本及其使用者之间天然不可分离的特性决定了企业契约的特殊性，即不完备性，因此才需要激励机制。

2. 两类公司背景下的剩余索取权和剩余控制权的制度安排

剩余索取权和剩余控制权的制度安排是以企业契约的不完备性为基础的。从表面上看，企业的资本结构和融资结构是各种资金来源在企业内部的不同结构，实际上它是各种资金背后的产权主体相互依赖、相互作用的利益分配格局。在不同的企业经营状态下对应着不同的企业剩余索取权和剩余控制权的制度安排。

企业是由许多独立的财产所有者组成的契约网络。这些财产所有者分为两大类：提供人力资本的所有者（企业经营者、工人等）和提供物质资本的所有者（股权所有者、债权所有者等）。这些契约网络包括与提供物质要素的所有者签订的借款合同、股权凭证，与劳动者个人签订的雇佣合同，以及与消费者签订的购货合同等。同时，契约理论认为，企业的契约是不完备的，契约不可能准确地描述所有的未来可能出现的状态，以及每种状态下契约各方的权力和责任。企业的剩余控制权就是指在不完备的企业契约中没有特别规定的决策权。企业的剩余索取权是指企业收入中排除了合同约定的所有固定支付（原材料成本、固定工资、利息等）后的余额的要求权。

企业的余额是不确定的，在合同的所有固定支付被排除之前，剩余索取者什么也得不到，因而剩余索取者是企业的风险承担者。企业的所有权就是企业的剩余索取权和剩余控制权的统称。企业所有权的配置决定了企业的目标、企业控制权的分配及企业的经营效率。

下文针对个人独资公司和股份有限公司各自不同的特征，分析剩余索取权和剩余控制权的制度安排。

（1）个人独资公司的剩余索取权和剩余控制权的制度安排

契约理论认为，个人独资公司是公司的所有者（个人）与劳动要素所有者（工人）之间、外部资金的拥有者（债权人）和行政权威（国家）之间订立的一个契约，因此要对这样的契约进行一下区分。由于劳动要素所有者的资本就是其本身，并不能承担企业的经营风险，因此企业与劳动要素所有者之间签订的契约是固定报酬契约，即劳动要素所有者在提供了劳动以后就可以按照契约所约定获取相应的固定报酬。同样，政府也是按照契约获取固定报酬。而所有者和债权人都对企业投入了资金，两者的区别在于债权人的投入有契约保护。由于所有者和债权人的资金为劳动要素的提供者和政府的契约履行提供了担保，同时所有者的出资为债权人的契约提供了担保，因此企业的经营风险最后必然落到出资的所有者身上，剩余索取权应当交给所有者，其他三类订约人应当获取固定报酬（工资、税收和利息）。在剩余控制权方面，如果该企业没有从债务人处融资，那么公司的剩余控制权，即对特殊事件的处置权，应完全归所有者；如果公司存在债权人，那么债权人同样对企业投入了资金，相应的就需要一定的控制权来保证自己能够收回固定报酬。由于债权人的目的仅仅局限于保证其自身利益不受损失，因此其控制权会转化为相应的限制契约来限制使用者从而保证其本金的收回，除此之外的控制权则归所有者拥有。因此，在个人独资的情况下，企业的剩余索取权和剩余控制权是被所有者一个人控制的。

（2）股份有限公司的剩余索取权和剩余控制权的制度安排

股份有限公司与个人独资公司的不同之处在于其所有者不再是一个人，而是由众多的出资股东构成的，这些股东与政府、债权人、劳动要素所有者和经理人之间签订了一套契约。股份有限公司对于债权人、劳动要素所有者和政府的制度安排与个人独资公司并无不同，区别的关键在于股东之间、股东与经理人之间的剩余索取权和剩余控制权的制度安排。分两种情况进行分析。其中一种情况是公司的股权高度分散，股东参与公司经营的成本过高。这时就会产生“搭便车”现象，而且股东也不具备相应的经验和能力，这两方面的原因使得股东放弃了剩余控制权，并将其移交给董事会。而董事会并不随时在公司并对公司的决策负责，公司的剩余控制权落在了经理人的手中，此时经理人就有动机利用控制权为其自身谋取利益。因此詹森和麦克林认为，应当分给经理人一定的剩余索取权，使其从中获得的利益大于其利用控制权所获得的利益，此时经理人就会全力为公司创造价值，这也是利用期权进行激励的原因之一。另一种情况是公司存在一个或几个大股东而其余的股份比较分散。这时大股东有足够的动机参与公司的经营，目的是为了获得公司的剩余控制权并取得控制权私利。与股权高度分散的公司一样，小股东依然没有能力参与公司的经营管理，因此大股东可以派出人员担任公司经理并控制董事会以获得公司的剩余控制权。该剩余控制权包含两个方面的含义。

1）大股东利用自己有表决权的股份对公司的经营进行控制。

2）大股东通过对董事会和经理人的控制来控制公司的经营。但是这样就存在一个问题，即大股东在获取控制权私利的同时，不但会损害其他中小股东的利益，甚至会损害自己的利益，因为共享控制权利益会减少。因此，当控制权私利超过共享控制权利益时，大股东有动机利用公司的控制权来获取控制权私利。

3. 终极控制人控制下的剩余索取权和剩余控制权的制度安排

上述分析有助于理解终极控制人控制下的剩余索取权和剩余控制权分配的制度安排。在终极控制人控制下，剩余控制权的制度安排与股份有限公司中的大股东控制下的剩余控制权的制度安排一样，即终极控制人通过在董事会和高层管理者中派出自己的人员从而获得剩余控制权。

剩余索取权则与上文提到的有所不同。终极控制人控制下的剩余索取权，即现金流量索取权，其小于甚至远远小于终极控制人所最终控制的公司的剩余索取权。若公司 A 中存在一个控股股东公司 B，且控股股东公司 B 在公司 A 中的持股比例为 $q(0<q<1)$，同时公司 B 中又存在着控股股东，假设公司 B 的控股股东在公司 B 中的持股比例为 u，以此类推终极控制人拥有的公司 A 的剩余索取权（现金流量索取权）仅仅为其拥有的公司 A 的现金流量权，即 $a=q\prod_{i=1}^{n}u$，而其拥有的公司 A 的表决权则为 q，显然 $q>a$。需要注意的是，在这样一个终极控制人控制的集团里，剩余索取权表面上是通过产权（股权）这个纽带联系起来的，而实际上是通过产权所获得的剩余控制权联系起来的。

终极控制权必然导致终极控制人的剩余索取权和剩余控制权的分离，而且剩余控制权往往高于甚至远远高于剩余索取权，致使上文讨论的股份有限公司中的大股东控制的后果进一步恶化，因为此时的终极控制人更有动机利用其剩余控制权来谋取控制权私利。因此，合理的剩余控制权的制度安排应当在保证终极控制人利用剩余控制权的同时，不能侵害其他中小股东的利益。由于终极控制人一般控制了公司董事会和高层经理人员，因此期望在公司内部诞生一种制度来约束终极控制人是不现实的，能够约束终极控制人的制度应是外生的，即国家通过法律对终极控制人进行约束。在法律这个外生制度的约束下，终极所有权朝着两个不同的方向发展。在法律制度完善的国家，终极控制人即使获得了剩余控制权，也并不意味着其能够从中获取高额控制权私利。相反的，其将过多的资金用于获得其他企业的控制权会造成相当大的风险。因此，在这些国家，终极控制人会减少其控制公司的股份，美国股份公司的发展证实了这一点。相反的，在法律制度不完善的国家，终极控制人获得了剩余控制权就意味着可以获取高额控制权私利。因此，在这些国家，终极控制人会保持其对公司的控制力，甚至会采用绝对控股的方式来获得企业的绝对控制权，拉·波塔的研究证实了这一点。

4.2　终极控制权与现金流量权偏离的实现机制

传统的公司治理主要致力于研究在股权分散的情况下，尽可能地防止经营管理者对所有者利益的背离。然而，股权分散并非现代公司的普遍特征，世界上许多国家和地区的公司所有权（股权）都有不同程度的集中。在股权普遍集中的现实条件下，终极控股股东掌握了公司的控制权，由于其现金流量权可以远远低于其控制权，因此造成剩余索取权与控制权之间的不相对应。当投资者受保护程度较低时，控制权与现金流量权之间的偏离程度越大，终极控股股东就越倾向于通过侵吞公司财富、掠夺少数股东利益来增加其个人利益。因为终极控股股东所获得的除去掠夺成本之后的净收益要远远超过他们努力经营公司所能分得的现金流，并且对投资者保护的程度越低，终极控股股东掠夺所得的净收益高于正常收益的程度也就越大。因此如果公司没有很高的声誉，任何理性的外部投资人都不会投资这样的企业。拉·波塔等人指出，在投资者受保护程度较弱的国家，终极控股股东与少数股东之间的利益冲突已经成为公司治理的主要问题。终极控制权与现金流量权偏离的主要实现机制如下。

1. 金字塔持股

金字塔持股是一种类似于金字塔的纵向层级的控制权增长方式。终极控制人位于金字塔的顶端，由其控股第一层级公司，再由第一层级公司控股第二层级公司，第二层级公司再控股第三层级公司，以此类推，这样一直持续到目标公司为止。按照拉·波塔、拉·德·西拉内斯和施莱弗给出的定义，成为金字塔持股结构需要同时满足三个条件。

1）该公司存在一个终极控股股东。

2）在该公司及终极控股股东的控制链条上至少存在一个由终极控股股东非完全控制的公司。

3）终极控股股东对目标公司的控制权达到一定的界定标准。

在金字塔持股结构中，控股股东只要增加金字塔的层级，就可以分离控制权与现金流量权；金字塔的层级越多，控制权与现金流量权之间的分离程度就越大。这就说明，相对于控制权而言，控股股东拥有的现金流量权越小，就越有可能通过侵吞公司财富来获取控制权私利。

实际上，金字塔持股结构不但在世界上大多数国家的公司广泛存在，而且居于金字塔持股结构最顶端的控股股东常常是一些具有影响力的家族。这些家族控股股东通过建立复杂的金字塔持股结构，将位于金字塔持股结构最底层的上市公司置于其严密控制之下，并通过一系列的利益输送方式，将上市公司的资源源源不断地转移到自己控制的其他企业，而上市公司的其他中小股东对此却无能为力。

2. 交叉持股

交叉持股是指上市公司之间相互持有对方的股份，其主要通过水平交叉持股的方式使控股股东强化对上市公司的控制。与金字塔持股结构不同，交叉持股结构的投票权是在集团成员内部进行分配的，而不是集中于单一的控制人手中，从而避免终极控股股东掌握大于其现金流量权的控制权。如果控制链条中一家公司拥有其控股股东的股份或者控制链条中其他公司的股份，那么这家公司就属于交叉持股。交叉持股结构的终极控股股东往往通过控制多条控制链来实现对公司的控制。交叉持股不但可以使控股股东分离控制权和现金流量权，而且企业集团中的企业越多，控制权和现金流量权之间的分离程度就越大。

若终极控股股东所控制的集团内公司数量越多，各公司之间相互持股的份额越大，则控制集团内某一公司所需的股权份额就越小。交叉持股能够使集团内某一公司的控制权牢牢地掌握在集团终极控股股东手中，这使得外部投资人很难实现对一个集团公司的控制，除非将其全部买下。

总体而言，虽然交叉持股结构不如金字塔持股结构普遍，但是这种持股结构在日本普遍存在，在其他东亚国家公司也并不罕见。

3. 分类投票权结构

分类投票权结构是指同一家的公司发行具有不同投票权的股份，但是这些具有不同投票权的股票具有相同的收益权。例如，优先股与普通股。优先股通常没有投票权，而普通股具有投票权。普通股的投票权可以是一股一票，也可以是一股多票。

通过发行具有不同投票权的股份，控股股东可以持有具有较高投票权的股份，而将没有投票权或者投票权较小的股份出让给小股东，通过这种方式可以达到分离控制权和现金流量权的目的。尽管分类投票权是一种简单的分离控制权和现金流量权的方式，但是这种方式并没有被多数国家的控股股东采用，这是因为包括中国在内的很多国家的法律坚持“同股同权”原则而禁止公司发行具有不同投票权的股票。

4. 自然人直接持股

自然人直接持股是相对终极控制人采用金字塔持股结构而言的。在自然人直接持股的形势下，自然人以终极控制人的身份直接出现在上市公司大股东的名单中。由于这种自然人直接控制仅有一层控制结构，因此在一般情况下控制人的所有权和控制权一致，现金流量权和投票权也一致。但是如果出现股份代持或一致行动人的情况，那么也可能出现控制权和现金流量权分离的情况，但是这种情况并不多见。

第 5 章　上市家族企业的发展历程、特征和上市利弊分析

本章对我国上市家族企业发展的历程、发展的特征，以及我国家族企业上市的利弊进行分析。

5.1　我国上市家族企业的发展历程

自 1990 年初中国股市建立以来，股票发行实现了从审批制到核准制的转变。家族企业为了取得相对稀缺的上市资格，经过了漫长的历程。由于我国证券市场直接融资的资格大多给予国有大中型企业，家族企业想要争取到上市资格相当困难，因此我国家族企业上市的途径过于狭窄。根据统计，每年通过券商向中国证监会申请在 A 股市场上市的企业超过 1000 家，但是每年能够被批准上市的企业只有 80 家左右，IPO 通过率低于 8%。其中，带有家族企业色彩的申请企业更是很难获得上市资格。由于民营企业在发展初期受到观念、上市额度、政策门槛等许多因素的制约，并不是很早涉及证券市场，因此只有少数幸运的家族企业才能进入证券市场。

下文分析我国家族企业上市的几个阶段及其政策背景。

1. 1994～1996 年为家族企业上市的起步阶段

1991 年 12 月 1 日，深圳华源磁电有限公司通过资产整合成为我国第一家上市民营企业——深华源 A (000014)，从而揭开了我国民营企业上市的序幕，也为我国家族企业上市吹响了号角。根据不完全统计，1994～1996 年上市的家族企业有十多家。这一阶段家族企业上市基本是以直接上市为主。由于这一阶段股市较为低迷，家族企业上市基本处于徘徊状态。

2. 1997～1999 年为家族企业上市的发展阶段

在此期间，国家有关部门对新股发行实行“总量控制，限报家数”的指标和额度管理政策。为了支持国有大中型企业的改革和发展，国家倾向于将有限的上市指标和发行额度分配给国有大中型企业，民营企业的上市指标和发行额度受到很大限制，从而导致家族企业在上市方面受到成分、额度等多方面的阻碍。但是即使在这样的政策背景下，家族企业仍然不断地出现在我国的证券市场上。这一阶段家族企

业出现了不少“买壳上市”的案例，家族企业上市的数量呈逐年上升趋势。

3. 2000～2005 年家族企业上市的快速增长阶段

我国股票发行制度自 2000 年 5 月起由审批制改为核准制。上市企业需由主承销商选择、辅导和推荐，并且必须通过股票发行审核委员会的审核。该项制度的实施在很大程度上促进了股票发行制度朝着市场化的方向发展，并且在一定程度上为家族企业的上市提供了便利。正是基于这项制度的改变，在我国证券市场上家族企业的数量呈现较快增长的趋势。例如，顾雏军家族于 2001 年 10 月通过其顺德的格林科尔公司成功收购了国内最大的空调制造商之一科龙电器的 20.64%的股份，从而控制“ST 科龙”(000921)，并为以后形成其著名的家族企业“科龙系”奠定了基础。这一阶段，家族企业上市公司的数量占上市公司总数的比例显著增长，这主要与证券市场发生的家族企业大量买壳上市有关，家族企业通过买壳上市已经成为证券市场的一大亮点。另外，也有不少家族企业在中国香港或境外上市。截至 2003 年 8 月，中国内地家族企业在中国香港创业板上市的有 38 家，另有 14 家中国内地家族企业在美国纽约证交所挂牌上市，7 家中国内地家族企业在纳斯达克上市，此外还有 18 家中国内地家族企业在新加坡证券交易所上市。

4. 2006 年至今为家族企业上市的跌宕起伏发展阶段

截至 2016 年 6 月 30 日，A 股市场共有 2868 家上市企业，其中有 912 家上市企业为家族企业，与 2015 年的上市家族企业数量相比增加了 28 家，在全部新上市企业中的占比与 2015 年基本持平。

从过去 17 年的家族企业上市数据可以看出，在经过 2010～2012 年持续三年的井喷式上市潮之后，2013 年首次公开募股（IPO）的短暂停止较明显地抑制了家族企业的上市需求，因此在 2014～2015 年两年间，上市家族企业的数量又有过一次显著的增长。但是在经历了从 2015 年下半年开始的股市大幅振荡之后，资本市场的波动性和股市的若干限制政策还是对家族企业的上市进程起到了一定的减缓作用。

从上市板块与企业规模来看，在这 912 家上市家族企业中，有超过 70%的上市家族企业登陆于中小企业板与创业板，其中在中小企业板上市的比例高达 42%，而在主板上市的企业则明显少于前两者。这说明，在 A 股上市的家族企业仍然以中小型企业为主，主板更为严格的上市要求对于上市家族企业还是有制约影响的。

与之相对应的是，员工人数在十万人以上的上市家族企业数量低于上市家族企业总数的 5%，其中比亚迪集团以超过 19.6 万人的员工人数继续占据上市家族企业员工规模之首，相比其 2015 年员工规模增长了约 9000 人。但是除此以外，员工规模在万人以上的企业占比仅为 5.4%，而员工规模在 1000 人及以下的企业占比则超过 6%。这也印证了上市家族企业的主要构成依旧是中小型企业。

5.2　我国上市家族企业的特征

1. 间接上市逐渐成为家族企业上市的主流方式

在 1997 年之前，家族企业上市较多采用直接上市方式，而较少采用“买壳上市”这种间接上市方式。但是在 1998 年以后，“买壳上市”这种间接上市方式被家族企业较多采用，并且逐渐成为上市的主要方式。目前，“买壳上市”已经成为家族企业进入证券市场的主流方式。

虽然 2016 年上半年新上市家族企业的数量相对有限，但是我们在对其数据进行统计分析的过程中仍然发现了很多“买壳上市”的家族企业。因此可见，在过去的一年里，很多家族企业通过资本手段对自身进行结构调整。

2. 家族企业上市公司超过半数集中在沿海开放地区

研究发现，超过 60%的上市家族企业来自于广东、上海、福建、浙江、江苏、辽宁、海南、山东 8 个沿海省市，即民营经济相对较为发达的沿海地区拥有超过半数的家族企业上市。而且，直接上市的家族企业也主要集中在这些沿海省市。由于民营企业的发展初始于经济较为发达的地区，因此上市家族企业主要集中分布于浙江、江苏、广东等地是符合我国经济环境特点的。

从地域分布来看，我国上市家族企业的分布明显呈现从东南沿海到西北内陆递减的趋势。其中，分布最多的华东地区聚集了 40%以上的上市家族企业，而分布最少的西北地区上市家族企业的数量却未达上市家族企业总数的 2%。这种现象的形成与上市家族企业所处地域的政策因素、地理环境和经商传统之间有着不可忽视的联系。

从省份统计来看，广东、浙江和江苏蝉联前三，而广东省以 185 家上市家族企业的成绩连续第七年居于首位。从城市统计来看，“老牌”三甲城市：深圳、上海和北京表现出色。不同于 2013 年家族企业上市增速放缓的状况，三甲城市 2016 年十分活跃，其新增上市家族企业的数量达到了 10 家左右。而 2016 年失去了 13 家上市家族企业的苏州市在 2017 年的排名中扳回一局，重回前五。总体而言，上市家族企业数量排名前十的省份和城市的排名情况变化不大。

3. 行业分布相对集中

根据不完全统计显示，上市家族企业集中分布于一些行业。其中，大约 90%的上市家族企业分布于机械设备仪表、综合类、纺织服装皮毛、商业等 12 个领域。而通过“买壳上市”的家族企业则较多分布于房地产、商业、金属、非金属、计算机应用服务等行业。在直接上市的企业中，机械设备仪表、综合类、纺织服装皮毛、医药生物制品等领域民营公司的数量最多，而电子、医药生物制品、纺织服装皮毛等领域直接上市的家族企业的数量在上市家族企业中所占的比重较高。

家族企业在行业分布上也呈现明显的集群化特点。从行业分布来看，85%以上的上市家族企业从事传统行业，其中机械制造、化工和医药生物等行业占比高达30%。

这一方面是由于我国的人口众多给家族企业从事劳动密集型的传统行业提供了先天优势；另一方面，不同于对管理者的专业化程度有较高要求的互联网等新兴行业，家族化管理模式在传统行业中有着更好的适应性。

4. 企业自身发展出现质的变化

家族企业将上市募集的资金用于企业的技术改进和产业升级，从而在一定程度上促进了家族企业自身业绩增加及实现家族企业规模化发展。与此同时，家族企业随着自身的壮大逐渐开始规范运作，通过建立和完善公司治理机制使家族企业的核心竞争力得到提升，从而取得很好的发展。我们通过分析上市家族企业的案例可以发现，家族企业上市的重要意义不只是其募集了多少资金，或者解决了扩大企业规模的资金问题，更重要的是家族企业能够通过上市这个契机，规范企业制度，全面提升企业的管理能力、技术创新能力和企业文化建设水平，进一步形成独具风格的企业核心竞争力，进而实现家族企业的飞跃式发展。

5.3 我国家族企业上市利弊分析

1. 我国家族企业上市的有利之处分析

（1）产权明确，减少代理成本

由于家族在上市家族企业中处于绝对控制地位，因此创业家长或家族大家长就是上市家族企业的权威代表，家族成员之间亲缘关系的亲密程度决定了上市家族企业的权利运作方式。一般而言，家族大家长和未来继承人的近亲是公司的权力核心，而一些远亲和朋友组成了企业的领导层来管理公司的日常事务，在组织外围的是公司的一般技术员工及一般雇员，从而形成了儒家所主张的以亲缘关系为基础的“差序格局”（雷丁，1997）。在这种产权制度安排下，家族大家长拥有家族企业上市公司的所有权力，在减少企业的委托代理成本的同时，也减少了企业的信息不对称程度和信息在传递过程中的扭曲程度，抑制了市场投机行为的产生，并能够对市场的变化作出灵活迅速的应对。此外，在差序格局中，由于一些非正式规则充满了人情化的色彩，如宗亲关系、伦理道德、风俗习惯等，使得企业具有很好的凝聚力和向心力，以及家族成员对公司的忠诚和认同。由于这些因素在企业治理中发挥着重要作用，因此能够减少监督成本，提高企业效率。

（2）减少企业权力转移的动荡

在企业权力转移的过程中，上市家族企业的治理结构会影响信息成本和契约的执行成本，并可以在一定程度上减少这两项成本。其原因在于，在“子承父业”的权力转移模式中，出于对父亲身份的认同，儿子的能力与人际交往会较为容易地得到企业员工的认同，因此能够在很大程度上减少企业在权力转移过程中产生的交易成本，确保企业的财产和权力的平稳和谐过渡。

（3）节约企业与上下游企业、消费者的交易成本

上市家族企业一般把人际关系作为对外交易的核心来对待。家族企业的上下游企业和产品消费者是通过人际关系熟悉程度与家族企业进行交易的，在这种情况下，家族企业可以节省信息成本、契约谈判和执行成本。但是鉴于家族企业的发展是以人际交往而不是以一般的契约安排为核心的，如果人际关系发生问题就会大大阻碍上市家族企业对外拓展。

（4）扩大规模

我国家族企业普遍存在规模太小的问题，即使是其中的优秀企业也存在这一问题。因此，通过上市扩大企业规模成为许多民营企业的第一选择。另外，家族企业只有通过上市进行资本运营，才能完成产业升级。由于市场竞争的国际化，家族企业必须通过扩大产业规模来提高其国际竞争力。家族企业上市以后可以在几年内融到大量资金，这样家族企业做大产业规模就有了资金前提。家族企业上市的另一个明显功能是可以促进产业发展，包括用上市募集的资金发展相关产业。对家族企业而言，上市是一种竞争手段，它是企业在由产品、技术的竞争转向资本竞争的重要选择。

（5）实现资本市场和产品市场互动

从支持产业发展和增加品牌影响力的角度看，家族企业上市可以实现资本市场和产品市场的互动，特别是当家族企业的客户主要集中在国内时。通过上市，家族企业的客户群和投资者会产生比较密切的交叉，产品形象和企业形象可以自然而然地传达到目标客户，因此对家族企业的产品市场会有促进作用。借家族企业上市的轰动效应还可以增强产品的影响力，争取更多的合作机会等。同时，如果家族企业上市之后发展顺利，企业的经营业绩就可以在股市上产生公开透明的良性互动。

（6）建立先进的企业机制

上市家族企业可以通过外力来建立现代企业制度，从而将企业上市的最终取向与企业的长远发展规划有机结合起来，为企业未来的战略发展奠定一个坚实的基础，有效改善企业经营管理能力，最终实现上市家族企业产业经营与资本经营的统一发展。家族企业公开上市可以增加企业的声望，这是企业的一种无形资产。当家族企业成为公众公司之后，还能从证券市场得到高效率的监督，从而为家族

企业的永续经营创造良好的外化条件。因此证券市场为上市家族企业提供了难得的转型发展机遇。

2. 我国家族企业上市的弊端分析

不可否认的是，家族企业公开上市也有许多弊端，其中最大的问题就是上市家族企业今后的每一项经营决策都要向社会公众进行解释说明。为了向客户提供卓越的服务，大多数上市家族企业的管理重点放在理解客户需要、满足客户需求上。而企业领导层的首要任务是满足股东需要而不是满足消费者和客户需求。上市家族企业以前可以保密的财务信息和其他数据，现在必须提供给证券交易所。由于赢利是公开的，上市家族企业所在的行业会吸引新的竞争者。另外，企业公开上市后的多重需求干扰了企业的正常运营，企业管理者可能会全神贯注于证券市场的涨落，而忽视企业的长期规划。

（1）股权过于集中

在我国上市家族企业中，由于一个家族甚至一个家族大家长拥有大多数股权，因此拥有很多决策权，这就增加了上市家族企业决策失败的可能性。集中决策权能够使处于创业初期的家族企业高效率运作，但是随着家族企业的发展壮大，在家族大家长个人综合素质还不是很高、很全面的情况下，集体决策机制的缺失会大大增加家族企业上市公司的决策风险。

（2）家族内部的矛盾影响公司的运作

由于在家族控股企业中重要的职务是由亲戚、朋友担任的，因此企业的运作就有可能因为家族内部矛盾的产生或者激化而受到很大的影响。

（3）可能面临的最大风险是道德风险

在家族控股企业里，由于少数股东权益保护机制的缺失，因此侵占中小股东权益的行为时有发生。控股家族通过控制资产重组等行为来实现其自身利益最大化，而这却在一定程度上违背了上市公司资本运作的原则，损害了上市公司的利益。从目前存在的上市家族企业新的“一股独大”现象来看，其发起人数量及其独立法人地位都符合《中华人民共和国公司法》的要求，这种合法性可能会增添日后关联交易的隐密性，从而加大了防范和监管关联交易的复杂性。当家族企业成为上市公司之后，最令人担心的问题是控制权家族会利用“一股独大”和信息不对称来掠夺中小股东权益。克莱森斯等人进行了一项针对亚洲地区家族企业控股股东通过控股上市公司剥削小股东的大样本实证研究，研究结果证明了家族企业控股股东“一股独大”对社会公众股东利益的损害。家族绝对控股不利于上市家族企业的健康发展，并且威胁到中小股东的利益。我国证券市场的不规范也使得上市家族企业有漏洞可钻。“一股独大”的上市家族企业的流通盘普遍较小，易于炒作，加之中小股东仍然处于劣势地位，当家族股东掌握的控制权超过其拥有的现金流量权时，家族控股股东很可能会对中小股东或其他利益相关者的利益进行掠夺。例如，低水平派发股息，大股东通过关联交易、资产重组来转移上市公司的利润和资产等，达到剥削中小股东的目的。因此本研究力图对家族企业上市的性质作出科学的判断。

（4）家族管理能力的风险

由于控股家族需要管理众多的人员和资金，这对控股家族自身的经营管理能力和素质是一个不小的挑战。如果上市家族企业还没有实行职业经理人聘用制度，那么就存在“接班人”问题。家族化管理模式往往会与上市公司经营决策的科学化和规范化发生冲突。目前，我国家族企业中的经营管理权和决策权往往集中在企业主手中，而这些企业主身上往往存在着家族化管理模式的影子。虽然在家族企业发展的初期，家族化管理模式对企业发展有着正面的促进作用，但是随着企业的发展壮大，家族化管理模式会逐渐约束企业的发展。

（5）公司权力转换风险

如果家族企业还没有实行职业经理人聘用制度，那么就存在“接班人”问题。就权力转换而言，现代公司法人治理具有与公司人格分开的独立法人资格，能够以法人资格拥有资产。就法律效果而言，公司是具有独立的法律人格的连续实体，不管公司成员是否发生变化，公司的权力都具有完全的连续性（谭安杰等，1999）。而家族企业权力转换一般是以“子承父业”的方式进行，即以完全的身份资产来确定权力转换的完成。

上述的这种身份资产转换在一定程度上积极影响信息成本和执行契约的成本，从而能够有效地减少这些成本，但是这也同样增加了公司的不确定性。在这种情况下，接班人个人的能力素质和威信、家族成员内部利益权衡这些偶然因素就成了家族公司权力转换成功与否的重要决定因素。如果这些没有得到很好的协调，就会增加公司经营的风险。此外，我国的家族继承还有别于欧洲和日本的长子继承制。在我国，家族成员有平等继承权，加之我国自古以来就有多子多福的传统，因此即使是一份很大的财产分到每个人身上就未必多了，这也是我国家族企业难以像国外企业那样取得百年发展的重要原因（孔迈隆，1991）。我国家族企业的发展与演变往往经历了兴起、集权、分裂与崩解四个阶段（黄绍伦等，2000）。这也就是说，尽管有些家族企业能够在长期的竞争中存续下来，但是这样的家族企业少之又少。家族企业本身的特征决定了多数家族企业都会在竞争中被淘汰。

5.4　法国家族企业发展现状

1. 法国家族企业发展历史回顾

18 世纪中期以前，当商业惯例还未遍及欧洲之时，家族企业就在法国的商业企业中扮演了重要的角色。对于当时的大多数法国商业企业而言，由于通信工具较为落后且市场的集中程度较低，商业企业家必须寻找代理人，并将其业务委托给代理人。这些代理人的职责范围较为广泛，涉及货物交易、汇兑、运输和其他服务。虽然在这些领域中委托人不都是专家，但是他们的代理人却精通其各自领域所涉及的业务，而且这些代理人在其自己的领域内往往也是商业企业主。

在这样的市场环境中，因为商业企业家可以利用的控制手段十分有限，所以他们通常被迫允许他们的代理人拥有很大的权利。基于这样的事实，商业企业家与代理人之间的关系就需要足够的信任来维系，从而避免商业诈骗。因此，商业企业家与代理人之间良好的个人关系（商业信用）能够为代理人的诚信提供十分重要的商业保证。这种关系可以从商业企业家与代理人之间正常的社会经济活动交往，以及家族关系和宗教关系等渠道获得，这些渠道常常为商业企业家（委托人）—代理人结构提供操作上的强有力支持。

商业企业家经常会与自己家族和所属教派的众多成员保持商业上的同盟关系，并因此雇佣家族成员和同教派中的成员作为自己的代理人。这些商业企业家深知，一个商业企业能否成功在很大程度上取决于他们所雇佣的代理人。在到处都存在信用风险的商业环境中，家族关系、宗教关系及由这两者构成的社会综合关系，是应对商业信用风险的良好工具。无论是在单个商业企业还是在互相提供服务的不同商业企业之间，处理这些关系的做法大同小异：无论其基础是家族关系、宗教关系，还是由这两者构成的社会综合关系，都容易形成相对密切的个人关系，这样在履行其他人不愿提供的商业服务时会更有效率。

18 世纪后期，重农学派和经济自由主义的观点在法国大革命中得到了有力的贯彻。1791 年通过的《阿拉尔德法》废除了行会。企业有权自由创立、自由经营，并取消了国家垄断，这样就为自由竞争资本主义阶段的到来创造了机遇和条件。

到了 19 世纪，经济自由主义在法国已经占据统治地位。经济自由主义充分肯定企业拥有生产和竞争的自由，主张在经济上实行放任主义，放任竞争和市场调节，坚决反对国家对经济活动的干预，认为这种干预只会破坏市场经济的游戏规则。而国家的职能主要是保卫领土和维护秩序，保护私有财产，确保契约合同的履行，或者是对经济活动进行宏观调节等。在这一时期，法国的家族企业获得了前所未有的发展机遇，其在国家经济活动中的地位也因此上升。

19 世纪末至 20 世纪上半叶，世界进入资本主义生产和资本高度集中的垄断阶段，因此法国资本主义结构转变加速，家族企业的数量有所减少。然而在第二次世界大战之后的 30 年间，资本主义国家进入黄金发展期，法国的家族企业也因此得到了发展。20 世纪 70 年代以来，包括法国在内的资本主义国家的经济发展速度减缓。尽管如此，到目前为止，法国的一些家族企业采用全新的经营模式，大胆进行商业和技术方面的尝试与创新，还是取得了令人瞩目的业绩。有些上市家族企业还成为股市的佼佼者，其中包括家乐福、罗格朗和布伊格等。

2. 法国家族企业的现状

根据中国香港学者郎咸平教授对世界各国公司治理的研究结论，目前在欧洲各国中排名前15的大家族控制上市公司的比例都在20%以上，其中法国甚至达到了33.80%。家族企业对其所在国的作用非常明显。在员工规模为50～100人的法国企业中，90%是家族企业，并且家族企业的产值占法国总产值的65%以上。

在美国季刊杂志《家族企业》上公布的全世界最大的200家家族企业排行榜中，法国占有17席，名列第二，仅次于美国。在全世界最大的100家家族企业排行榜中，法国占有13席。再进一步细分，在全世界最大的50家家族企业排行榜中，法国占有11席。

上述这些法国家族企业不但数量庞大，而且实力强劲，不仅在法国经济中，也在世界经济中占据着一席之地。大型家族企业的分布显示其较集中于零售、食品、奢侈品、汽车等消费品领域的特点。

同时，《家族企业》杂志结合以前的评选结果，选出了全世界最古老的100家家族企业。其中，法国的家族企业占有重要比例。而且从全世界范围来看，法国的长寿家族企业最多。在公布的全世界最长寿的100家家族企业排行榜中，法国占有17席。其中，在全世界最长寿的10家家族企业排行榜中，法国占有3席。例如，形成于公元1000年的法国古莱纳家族。该家族经营的古莱纳城堡不仅是一家博物馆，还是一家罕见的蝴蝶收藏馆，并且还生产葡萄酒。

3. 法国家族企业发展的原因

（1）经济原因（产业结构的特征及独特消费观念的影响）

法国的产业结构调整缓慢，在整个工业部门中，消费品工业一直占有很大比例。这种特殊的产业结构造就法国家族企业在轻纺、食品加工工业中的重要地位。例如，在纺织工业中高档丝织和制麻占有相当大的比重，高档的纺织品做工精细，工艺复杂，质量考究，很难用现代化大生产方法生产；而且其制造工序复杂，要求劳动者具备熟练的技能，这样，大批非熟练劳动者就被拒之门外，致使企业只能维持在家庭企业的范围内，从而促进了法国家族企业的发展。

此外，法国人独特的消费观念也支持家族企业的长期存在。法国人的消费心理与众不同，他们总是追求时髦，尤其是对追求高档奢侈品有着浓厚的兴趣，这也促进了在高档消费品工业中占有相当大比重的家族企业的繁荣和发展，家族企业的产品也深受法国人的青睐。

（2）制度原因

法国大型家族企业得以成功发展的原因在于其长期贯彻、丰富完善各项规章制度，这些规章制度不因家族企业所有人的更替而消失，反而历久常新，成为家族企业发展壮大的精神财富。

1）产权制度。家族企业在创建初期，由于家族内部产生的资金足以维持企业的持续成长，因此企业的创建者及其家族能够保持对企业的控制。但是随着企业开拓、经营领域高速扩张，仅仅依靠企业家个人资本的积累难以将家族企业做大，这就需要有胆识的企业家主动迎合企业的发展态势，拓展资本通道，实现产权的多元化。

法国的许多家族企业已经上市，实现了在资本市场上的融资，为企业的发展壮大募集了充足的资金，使传统家族企业的封闭式产权实现了社会化、多元化的突破。在法国的家族企业中，除了家族主要控股之外，往往还有企业之间的相互参股，既有该企业员工的参与，还有法国境内外股民的分散持股，形式多样。产权的分散化，有利于企业迅速募集大量资本，为扩大企业规模提供必要前提。同时，企业员工的股份往往在总股本中占有相当的份额，这种持股方式激励员工勤奋工作，企业的凝聚力与竞争力也因此倍增。

2）组织制度。法国的许多家族企业采用的公司组织结构较为简单，通常采用联合决策的两会制，由董事会和各专门委员会（财务委员会、薪酬委员会、赞助委员会、董事选举委员会等）组成。除此之外，还常设总经理一名、监事和员工投资基金代表等若干名。

这种组织结构职责明确，相互制衡，专业分工，信息准确，并且重视公司员工的利益，使公司员工获得参与权。

3）管理制度。在管理制度方面，法国的许多家族企业推行“以人为本”的企业管理文化，颇具特色。这种管理方式将人置于企业生产经营活动的中心地位，突出强调对“人”的管理。在对人的管理中，既重视制度和纪律的规范性，又重视意识形态的影响作用，将“硬管理”与“软管理”有机结合起来，使企业的物质、精神和制度这三个层面能够协调发展，以实现企业管理功能的整体优化。法国的许多家族企业重视保障员工的权利，并且在公司的日常管理中以不同的形式加以实践；另外，还十分注重对员工进行培训以提高员工的素质。

（3）社会原因

法国企业倾向于由家族拥有和管理，企业规模也相对较小。这主要是因为在法国，人们之间的相互信任度不够高，一般互信仅限于家族和亲友之间，家族成员与家族以外人员之间形成的合作关系不够稳定，所以家族企业在法国蓬勃发展是具备特定的社会基础的。

（4）文化原因

个人主义思想和契约精神在法国影响深远。个人主义激励个人创业，倡导通过个人及其家族的力量实现价值，创造财富，客观上促进了法国家族企业的发展，引起家族企业数量增加。同时，家族成员之间的关系由契约来调节。当家族成员个人拥有的企业财产从家族总财产中分离出来时，就增加了新生的家族企业。

5.5　中法两国家族企业治理模式对比分析

1. 法国家族企业治理模式的主要特征

在法国的家族企业中，家族对企业严格控制，家族色彩浓重，其治理模式属于内部监控型，是基于利益导向的多元化的利益相关主体的治理形式，以保障利益相关者的治理思想和人本主义的融合为基础。

（1）家族企业居于主导地位，股权相对集中

在法国的家族企业中，家族持有企业股份的占比约为 64.82%（公众持股仅占 14%）（郎咸平，2004）。家族成员也倾向于参与家族企业内部经营管理，因此往往在董事会中占有多个席位，其子女继承家族企业的积极性也较高。

（2）金融机构的介入对家族持股产生一定的影响

在法国的家族企业中，金融机构和实业公司之间的相互交叉持股，使得股票周转率降低，而且一些金融机构不仅持有公司的股票，还是家族企业的重要债权人，因此增强了金融机构对家族企业的影响力。由于金融机构中多数为公众持股，而家族控制的金融机构所占比例较少，因此金融机构的介入使家族在企业中的影响力降低。金融机构等法人持股较稳定，持股量大，有助于克服经理人的短视行为，避免了恶意接管带来的资源浪费。但是金融机构持股也有不利影响，各金融机构之间相互勾结的协商成本较低，容易产生合谋垄断而侵害小股东的利益。

（3）家族倾向于严格控制企业，干预职业经理人的力度大

虽然法国的家族企业已经将企业的经营管理权交给职业经理人掌管，但是家族却牢牢地控制着企业的所有权。当职业经理人的行为不能贯彻家族的意图时，或者与家族维持企业控制的目标相冲突时，家族往往采取强力干预的措施，这与家族持股比例较高有着必然的联系。

2. 中国家族企业治理模式的主要特征

中国的家族企业治理模式是建立在以家族为代表的控股股东主权模式基础之上的，其赖以存在的条件是家族直接控制企业的发展，以及儒家思想中的家族主义传统观念。

（1）权力集中于家族手中，股权集中度高

家族控制模式广泛存在于我国的家族企业中。在这种模式下，股权相对集中地控制在家族手中，家族成员一般在企业中担任一定的职务，实施家族对企业的内部控制。虽然近年来家族企业的融资来源呈现多元化趋势，如银行贷款、证券市场筹资、政府优惠贷款等，但是家族资本通过各种控制形式仍然在股权结构中居于控制地位。因此虽然企业的资产负债率往往较高，但是外部债权人并不像法

国的债权人那样具有双重身份可以支配企业行为。家族不仅牢牢控制股权，董事会也有家族化倾向，使得董事会决策从属于董事长（往往是大家族家长）个人决策和家族成员集体决策。这种权力集中于家族的好处在于所有权与经营权合二为一，能够较好地解决两权分离产生的代理问题，有利于增强公司核心管理层的凝聚力，保持企业发展的稳定性，释放家族成员的奉献精神；不利之处在于家族大股东控制使得合谋掠夺其他中小股东权益更加容易。

（2）用人唯亲的用人机制

主要是因为我国经理人市场尚不完善，社会也缺乏健全的诚信体系，家族企业往往不敢将重要的职位交给家族成员以外的人员担当。一般而言，越重要的职位，由家族中地位越高的成员担任。有些家族企业虽然在形式上有了完善的组织结构，但是其本质上没有发生变化。在人才雇佣方面，尽管聘用了职业经理人，也是流于形式，真正决策者仍是家族企业的所有者。这种任人唯亲的用人机制不利于吸收优秀管理人才。

（3）缺乏规范的决策机制

家族企业的所有权与经营权实际上没有实现分离，企业与家族合二为一，企业的所有权与经营管理权同时控制在以血缘、亲缘和姻缘为纽带组成的家族手中，因此企业决策程序就是按照家族决策程序进行。由于缺乏来自其他方面的约束和监督，家族企业往往缺乏规范化和标准化的决策方式和决策程序。

3. 中国与法国的家族企业治理模式的对比分析

上文分别对法国家族企业治理模式的主要特征与中国家族企业治理模式的主要特征进行了分析，尚不全面，表 5.1 对中法两国家族企业治理模式的特征进行较为全面的比较分析。

表 5.1　中法两国家族企业治理模式的特征分析

指标	中国家族企业特征	法国家族企业特征
控制导向的融资比例	初期可能较高，但是获得外部融资之后，不同企业会有所不同	较高
证券市场	规模小，流动性较低	规模较大，流动性较高
上市公司的比重	一般较小	较大
所有权结构	高度集中	集中
投资导向	家族企业集团的控制权导向	控制导向
股东权利	外部股东弱（内部股东强）	较弱
债权人权利	具有紧密联系的债权人权利强，外部债权人权利弱	具有紧密联系的债权人权利较强
主要的代理问题	控制性股东与少数股东之间	银行与管理者之间；控制性股东与少数股东之间

续表

指标	中国家族企业特征	法国家族企业特征
董事会作用	有限	比较有限
恶意收购的作用	有限	较有限
破产机制的作用	重要	重要，但是可能的系统性风险能够阻碍破产的发生
自我监督机制	在初期效率较高，但是后期会产生较高代理成本	效率较高

资料来源：根据叶长兵的博士论文《中国家族上市公司最终所有权结构研究》（浙江大学，2009）整理而得。

第 6 章　上市家族企业终极控制权与公司绩效的实证分析

目前，研究终极控制权与现金流量权的分离对上市家族公司绩效的影响，来源于詹森和梅克林，拉波塔，克莱森斯等人提出的理论和方法，而拉·波塔等人最早开启对终极产权的研究，通过向上逐级追溯上市公司的各条控制链，从而追溯到上市公司的终极控制人，并提出了计算上市公司终极控制权和现金流量权的方法。在拉·波塔等人研究的基础上，国内外学者借鉴其方法，结合各国具体的情况，广泛地进行了有关上市公司终极控制权和现金流量权的研究。纵观学者们的研究成果可以发现，他们对上市家族企业终极控制权的研究偏少，我国学者们的研究情况也是如此。我国上市家族企业的股权结构较为特殊，并且现金流量权高度集中，终级控制人采用金字塔控股模式，使得上市家族企业的终极控制权与现金流量权产生了分离，从而有利于其以较小的现金流量权来获得较多的终极控制权，这样就侵害了其他中小股东的利益。因此，追溯到上市家族企业的终极控制人，并了解终极控制人的终极控制权与现金流量权的真实情况，就显得十分有意义了。

6.1　理论分析与研究假设

1. 我国上市家族企业终极控制权与公司绩效的关系

目前，我国较多学者研究发现我国上市家族企业的终极控制权与公司绩效之间负相关。谷祺、邓德强和路倩（2006）研究发现我国上市家族企业价值与控制权比例之间显著负相关。王鹏和周黎安（2006）研究发现我国上市家族企业的控股股东通过对终极控制权的控制，降低了上市家族企业的绩效。许永斌和郑金芳（2007）研究发现我国家族企业控制权对公司绩效产生负面影响。许永斌和彭白颖（2007）进行了实证分析，结果发现在我国民营上市公司中，控制权与公司业绩之间显著负相关。苏昆和杨淑娥（2008）的研究结果表明，我国民营上市公司终极控股股东的超额控制具有负的“堑壕效应”，与公司经营绩效之间负相关。杨淑娥和苏坤（2009）研究发现，上市公司终极控股股东对公司存在“堑壕效应”。石水平和石本仁（2009）研究发现，上市家族企业的企业绩效与家族控股股东的控制权之间负相关。汤小华（2008）通过实证分析得出，我国上市家族企业的终极控制权与公司价值之间呈显著负相关。张天阳和李丹（2009）通过实证分析得出，在我国民营上市公司中，终极控股股东的控制权与公司绩效之间负相关。基于以上分析，提出假设 1。

假设 1：我国上市家族企业的终极控制权与公司绩效之间负相关。

2. 我国上市家族企业现金流量权与公司绩效的关系

大多数学者认为，我国上市家族企业的现金流量权与公司的价值之间呈显著正相关，并以终极控制人拥有的现金流量权代表激励效应。因此，控股股东拥有的现金流量权大小程度代表公司利益与控股股东利益的一致程度。一些学者，如朱滔（2007）、许永斌和彭白颖（2007）、陈德球和高丽（2007）、杨淑娥和苏坤（2009）、张东宁（2011）发现现金流量权与公司绩效之间呈显著正相关。刘阳和罗时宇（2012）研究得出，上市家族企业的现金流量权对公司价值具有较强的激励效应。王鹏和周黎安（2006）也发现现金流量权具有正的激励效应。基于以上分析，提出假设 2。

假设 2：我国上市家族企业现金流量权与公司绩效之间呈显著正相关。

3. 我国上市家族企业终极控制权与现金流量权的分离与公司绩效的关系

目前，我国学者马连福、陈德球和高丽（2007）研究发现，在我国，终极控制权与现金流量权之间的偏离甚至是严重分离在上市家族企业中普遍存在。这一观点已经被大部分学者认同。谷祺、邓德强和路倩（2006）研究发现其分离度为 62%，并且此分离度在东亚国家和地区上市家族企业中为最高。同时，谷祺、邓德强和路倩（2006），许永斌和彭白颖（2007），杨淑娥和苏坤（2009）及张欣哲等（2012）等学者经过实证分析，也基本认为我国上市家族企业终极控制权和现金流量权的分离与公司绩效之间呈负相关。刘孟晖、沈中华和余怒涛（2009）研究发现，终极控制权与现金流量权之间的偏离程度越大，公司的价值就越低。基于以上分析，提出假设 3。

假设 3：我国上市家族企业终极控制权和现金流量权的分离与公司绩效之间呈负相关。

4. 我国上市家族企业终极控制人及其控制的其他企业所持限售股比例、两权分离与公司绩效的关系

我国于 2005 年开始实施股权分置改革，将非流通股改为流通股。但是目前还有一部分上市家族企业仍然存在着终极控制人及其控制的其他企业持有上市家族企业的限售股份，因此这些企业有动力和机会获取控制权私有收益，通过两权分离来掠夺上市家族企业的利益。基于以上分析，提出假设 4。

假设 4：我国上市家族企业终极控制人及其控制的其他企业所持上市家族企业的限售股比例越高，其两权分离度对公司绩效的负面影响就越大。

6.2 研究设计

1. 样本选择和数据来源

本研究采用 2013～2015 年上海证券交易所和深圳证券交易所的 A 股上市家族企业数据。首先选择了由家族或自然人控制的 236 家上市公司为样本，然后按照以下筛选标准剔除部分数据。

1）终极控制人不能追溯到家族或自然人的上市公司。

2）终极控制人控制权比例低于 20%的上市公司，使所选样本终极控制人最低控制权比例超过 20%，以保证终极控制人可以对上市公司实现有效控制。

3）ST、*ST、PT 的上市公司。

4）金融保险业上市公司。

5）资料不全无法计算现金流量权的上市公司。

6）无资本结构的上市公司。

经过筛选得到最终研究样本，共计 181 家上市家族企业 346 个观测值。

本研究采用的上市家族企业终极控制权和现金流量权等数据来自于 CCER 民营企业上市公司数据库，财务数据来自 CCER 和 CSMAR 数据库，其他数据主要来自于 Wind 数据中心和巨潮资讯网年报资料。

2. 变量界定

本研究选取三组研究变量，即被解释变量、解释变量和控制变量。

（1）被解释变量

使用 Tobin’s Q 来衡量公司绩效。目前，国内外大多数学者采用 Tobin’s Q 来衡量公司绩效。Tobin’s Q 是上市公司年末市值和总资产之比，是实体经济和虚拟经济对上市公司价值的共同反映。本研究主要用 Tobin’s Q 来检验假设 1、假设 2、假设 3 和假设 4。

（2）解释变量

本研究对我国上市家族企业的终极控制权、现金流量权与公司绩效之间的关系进行分析。终极控制权的特征表现为终极控制权和现金流量权的分离，因此本研究用终极控制权（ultimate control rights，UCR）、现金流量权（cash flow right，CFR）和两权分离度（separation of two rights，STR）来度量终极控制权这一变量。另外，还设置了一个变量，即终极控制人及其控制的其他企业所持限售股比例（proportion of restricted stock，PRS）。

（3）控制变量

本研究的重点是我国上市家族企业终极控制权、现金流量权对公司绩效的影响，但是还有其他因素会对公司绩效产生影响。为尽量保证研究假设更加准确、研究结果更加具有说服力，本研究影响公司绩效的一些重要的公司特征因素作为控制变量纳入分析框架，主要包括总资产（total assets，TA）、总负债（total liabilities，TL）、净利润（net profit，NP）、每股收益（earnings per share，EPS）、净资产收益率（return on equity，ROE）和资产收益率（return on assets，ROA）等。

研究变量一览表见表 6.1。

表 6.1　研究变量一览表

变量分组	变量简称	代码	变量解释
被解释变量	公司绩效	Tobin's Q	Tobin's Q=上市公司年末市值/总资产
解释变量	终极控制权	UCR	上市家族企业终极控股股东的终极控制权用控制链中最低持股比例表示。若有多条控制链，则将各条控制链最小持股比例加总
	现金流量权	CFR	上市家族企业终极控股股东的现金流量权是通过将控制链中每个链条的持股比例相乘得到的。若有多条控制链，则将各条控制链计算得到的现金流量权加总
	两权分离度	STR	两权分离度=现金流量权/终极控制权
	终极控制人及其控制的其他企业所持限售股比例	PRS	PRS=终极控制人及其控制的其他企业所持限售股/总股份
控制变量	总资产	TA	上市公司年末资产总额
	总负债	TL	上市公司年末负债总额
	净利润	NP	上市公司当年净利润
	每股收益	EPS	净利润/总股本
	净资产收益率	ROE	净利润/净资产
	资产收益率	ROA	净利润/总资产

3. 模型建立

为了检验本研究提出的假设，构建以下三个计量模型。

为了检验上市家族企业终极控制权与公司绩效之间的关系（检验假设 1），构建多元回归模型 1：

$$\text{Tobin's Q} = a_0 + a_1 \times \text{UCR} + a_2 \times \text{TA} + a_3 \times \text{TL} + a_4 \times \text{NP} + a_5 \times \text{EPS} + a_6 \times \text{ROE} + a_7 \times \text{ROA} + \varepsilon$$

为了检验上市家族企业的现金流量权与公司绩效之间的关系（检验假设 2），构建多元回归模型 2：

$$\text{Tobin's Q} = \beta_0 + \beta_1 \times \text{CFR} + \beta_2 \times \text{TA} + \beta_3 \times \text{TL} + \beta_4 \times \text{NP} + \beta_5 \times \text{EPS} + \beta_6 \times \text{ROE} + \beta_6 \times \text{ROA} + \varepsilon$$

为了检验上市家族企业的终极控制权和现金流量权的分离程度与公司绩效之

间的关系（检验假设 3），构建多元回归模型 3：

$$\text{Tobin's Q} = \lambda_0 + \lambda_1 \times \text{STR} + \lambda_2 \times \text{TA} + \lambda_3 \times \text{TL} + \lambda_4 \times \text{NP} + \lambda_5 \times \text{EPS} + \lambda_6 \times \text{ROE} + \lambda_7 \times \text{ROA} + \varepsilon$$

各模型也用来检验假设 4，将所有的样本根据终极控制人及其控制的其他企业所持限售股占总股份的比例分组，分别带入模型 3 检验。

其中，模型 1 中被解释变量为公司绩效。a_0、β_0、λ_0 为常数项。a_i、β_i、λ_i 是各变量的回归系数。a_1 为终极控制权对公司绩效的影响系数，β_1 为现金流量权对公司绩效的影响系数，λ_1 为两权分离度对公司绩效的影响系数。ε 为残差项。

6.3　上市家族企业终极控制权和现金流量权分离的实证分析

1. 描述性统计

（1）上市家族企业描述性统计分析

上市家族企业样本总体特征的描述性统计分析见表 6.2。

表 6.2　上市家族企业样本总体特征的描述性统计分析

变量	最小值	最大值	均值	标准差
Tobin's Q	0.190	7.570	1.414	1.132
UCR	12.318	86.352	34.713	14.637
CFR	1.624	70.363	24.506	14.472
STR	0.010	1.000	0.706	0.316
PRS	0	0.857	0.264	0.215
TA/万	18,959.480	1,502,576.680	258,716.150	235,326.260
TL/万	4,132.640	1,266,432.750	165,836.280	175,817.420
NP/万	−67,162.760	81,463.710	7,213.470	18,254.560
EPS	−1.255	1.612	0.2673	0.336
ROE	−148.101	312.524	7.627	26.359
ROA	−30.673	17.251	3.257	5.418

对表 6.2 样本的描述性统计进行分析，可以得出如下结论。

1）Tobin's Q 的最大值为 7.570，最小值为 0.190，均值为 1.414。由于 Tobin's Q 的最大值和最小值之间的差异较大，反映了我国上市家族企业之间公司绩效的不均衡状况，部分上市家族企业的经营状况不够理想。

2）终极控制权的最大值为 86.352，最小值为 12.318，均值为 34.713，说明我国上市家族企业存在明显的终极控制现象。现金流量权的最大值为 70.363，最小值为 1.624，平均值为 24.506，最大值是最小值的 43 倍，说明现金流量权比较分散。两权分离度的均值为 0.706，说明我国上市家族企业的两权分离程度较高。上市家族企业获得 1 个单位的终极控制权，只需要付出约 0.706 个单位的现金流量权。由此可见，终极控制人付出的现金成本低于其因此而获得的终极控制权比例。

（2）上市家族企业的现金流量权

我国上市家族企业的现金流量权分布见表 6.3。

表 6.3　我国上市家族企业的现金流量权分布

区间	个数	占比（%）
< 5%	12	6.7
5%～10%	16	8.9
11%～20%	61	33.7
21%～30%	52	28.7
31%～40%	18	9.9
41%～50%	14	7.7
> 50%	8	4.4
总数	181	100.00

从表 6.3 可以看出，现金流量权在 11%到 30%的区间十分集中，占比为 62.4%；而在其他区间，上市家族企业的现金流量权的占比则较低。

（3）上市家族企业的终极控制权

我国上市家族企业的终极控制权分布见表 6.4。

表 6.4　我国上市家族企业的终极控制权分布

区间	个数	占比（%）
5%～20%	28	15.4
20%～40%	39	22
30%～40%	66	36
40%～60%	32	17.7
> 60%	16	8.9
总数	181	100.00

从表 6.4 可以看出，绝大多数上市家族企业的终极控制权集中度在 5%以上，并且有 105 个上市家族企业的终极控制权集中度在 21%～40%（占比为 58%），终极控制权集中度在 60%以上的上市家族企业也有 16 个（占比为 8.9%），这显示出上市家族企业有着强烈的控制权欲望。

（4）上市家族企业的现金流量权与终极控制权之间的分离程度（两权分离度）

我国上市家族企业的两权分离度分布见表 6.5。

表 6.5　我国上市家族企业两权分离度分布

区间	个数	占比（%）
<30%	21	11.6
31%～50%	26	14.4
51%～80%	48	26.5
>80%	86	47.5
总数	181	100.00

从分析结果来看，上市家族企业的两权分离现象十分明显。样本中有 134 家上市家族企业的现金流量权与终极控制权之比集中在 51%～100%，占到样本总数的 74%。

2. 实证检验

（1）研究变量的相关性分析

前述研究变量的相关系数矩阵见表 6.6。

表 6.6　相关系数矩阵

变量	UCR	CFR	STR	PRS	TA	TL	NP	EPS	ROE	ROA
UCR	1									
CFR	0.762	1								
STR	0.361	0.654	1							
PRS	0.520	0.491	0.163	1						
TA	−0.181	0.080	−0.154	0.051	1					
TL	0.042	−0.084	−0.081	−0.093	−0.121	1				
NP	−0.363	0.440	−0.192	0.510	0.472	−0.324	1			
EPS	−0.272	0.311	−0.164	0.221	0.290	−0.352	0.234	1		
ROE	−0.120	0.204	−0.372	0.101	0.113	−0.232	0.091	0.143	1	
ROA	−0.150	0.262	−0.293	0.301	0.080	−0.164	0.242	0.082	0.122	1

由表 6.6 相关系数矩阵可以看出，终极控制权、现金流量权、两权分离度的系数超过 0.6，可能存在共线性风险。不过，前面的三个模型中，已将三个变量分别带入了不同的模型。另外，其他变量之间的系数没有超过 0.6。

（2）共线性诊断

各解释变量之间的相关有可能使回归模型存在共线性风险，下面用方差膨胀因子（variance inflation factor，VIF）来进行共线性诊断。计算得出的 VIF 值总表见表 6.7。

表 6.7　VIF 值总表

模型 VIF 变量	模型 1	模型 2	模型 3	分组 1	分组 2
UCR	1.478	—	—	—	—
CFR	—	1.399	—	—	—
STR	—	—	1.127	1.085	1.135
TA	1.312	1.501	1.254	1.350	1.129
TL	1.602	1.158	1.129	1.330	1.253
NP	1.255	1.203	1.522	1.431	1.025
EPS	1.368	1.020	1.200	1.424	1.114
ROE	1.502	1.528	1.410	1.290	1.208
ROA	1.183	1.390	1.085	1.323	1.351

从表 6.7 可以看出，VIF 值处于 0～10，说明各变量之间基本不存在多重共线性。

（3）回归分析

将观测样本分别代入前面的三个模型进行回归分析，得到回归结果模型 1、回归结果模型 2 和回归结果模型 3。将终极控制人及其控制的其他企业所持限售股比例≤0.2 的样本代入模型 3 得到回归结果分组 1，将终极控制人及其控制的其他企业所持限售股比例≥0.5 的样本代入模型 3 得到回归结果分组 2。回归结果汇总表见表 6.8。

表 6.8　回归结果汇总表

变量	回归结果模型 1	回归结果模型 2	回归结果模型 3	回归结果分组 1	回归结果分组 2
C	9.463^{***} （10.125）	9.716^{***} （10.381）	8.229^{***} （9.350）	13.803^{***} （7.527）	4.374^{***} （4.026）
UCR	-0.014^{***} （5.154）	—	—	—	—
CFR	—	0.018^{***} （5.725）	—	—	—
STR	—	—	0.658^{***} （4.337）	0.765^{***} （2.607）	0.828^{***} （4.220）
TA	-0.420^{***} （-11.106）	-0.452^{***} （-11.260）	-0.388^{***} （-9.319）	-0.669^{***} （-7.834）	-0.151^{***} （-3.034）
TL	-1.722^{***} （-9.455）	-1.717^{***} （-9.481）	-1.730^{***} （-9.512）	-2.761^{***} （-6.131）	-0.957^{***} （-5.139）
NP	0.258^{***} （4.303）	0.288^{***} （4.577）	0.298^{***} （4.630）	0.301^{***} （5.173）	0.179^{***} （3.790）

续表

变量	回归结果模型 1	回归结果模型 2	回归结果模型 3	回归结果分组 1	回归结果分组 2
EPS	0.356*** (5.344)	0.309*** (5.226)	0.365*** (5.477)	0.477** (6.112)	0.257 (4.233)
ROE	1.708*** (9.130)	1.720*** (9.354)	1.722*** (9.408)	2.188 (7.739)	3.021 (0.000)
ROA	1.507** (7.229)	1.553** (7.487)	1.695** (9.066)	0.309 (6.553)	0.562 (8.418)
R^2	0.318	0.311	0.305	0.280	0.292
Adj.R^2	0.314	0.307	0.302	0.270	0.285
F	82.171	80.457	79.251	28.630	15.962
Prob	0.000	0.000	0.000	0.000	0.000

***表示检验在 1%的水平上显著，**表示检验在 5%的水平上显著，括号内为各变量系数的 t 值。

从表 6.8 中可以看出，三个回归方程均在 1%的水平上通过了 F 检验，说明模型具有有效性，回归方程具有比较强的解释力。

回归结果模型 1 中，终极控制权比例的系数为负，并且在 1%的水平上与被解释变量即公司绩效之间显著相关，说明我国上市家族企业的终极控制权与公司绩效之间呈显著负相关，假设 1 成立。

回归结果模型 2 中，现金流量权比例的系数为正，并且在 1%的水平上与被解释变量即公司绩效之间显著相关，说明我国上市家族企业的现金流量权与公司绩效之间呈显著正相关，假设 2 成立。

回归结果模型 3 中，两权分离的系数为正，并且在 1%的水平上与被解释变量即公司绩效之间显著相关，说明上市家族企业的两权分离系数越大，两权分离度越小，公司绩效越大；两权分离度越大，越会为家族控股股东侵害其他中小股东的利益提供便利，公司绩效更趋于下降。同时，也说明我国上市家族企业的两权分离度与公司绩效之间呈显著负相关，假设 3 成立。

表 6.8 中的回归结果分组 1 和回归结果分组 2 表明，两个组的两权分离系数都为正，并且检验在 1%的水平上显著。其中回归结果分组 2 的 t 值相较回归结果分组 1 的 t 值有明显的提高，说明终极控制人及其控制的其他企业所持限售股比例越高，两权分离度对公司绩效的负面影响就越显著，假设 4 成立。这一结果表明，与终极控制人及其控制的其他企业所持限售股比例低的企业相比，终极控制人控制的限售股比例越高，其通过两权分离掠夺上市家族企业利益的动机就越强烈。

从回归结果还可以看到，总资产与公司绩效之间在 1%的水平上呈显著负相关，表明我国上市家族企业总资产规模越大，公司绩效越小。其原因可能是我国上市家族企业在发展壮大后，由于管理不善、家族继承等自身的原因导致企业发展效果没有发展初期好。在 1%的水平上，总负债与公司绩效之间呈显著负相关，表明我国上市家族企业总负债规模越大，公司绩效越小。其原因可能是我国上市家族企业在负债增大时，经营情况不够理想。净利润与公司绩效之间在 1%的水平上呈显著正相关，表明我国上市家族企业净利润的扩大有助于公司绩效的增加。每股收益与公司绩效之间在 1%的水平上呈显著正相关，表明我国上市家族企业每股收益越大，公司绩效也越大。但是每股收益系数在回归结果分组 2 中没有通过显著性检验，说明在终极控制人及其控制的其他企业所持限售股比例较高的情况下，我国上市家族企业每股收益对公司绩效的正面影响不够显著。净资产收益率与公司绩效之间在 1%的水平上呈显著正相关，表明我国上市家族企业净资产收益率越大，公司绩效也越大。但是净资产收益率系数在回归结果分组 1 中和回归结果分组 2 中都没有通过显著性检验，说明在终极控制人及其控制的其他企业所持限售股比例较高的情况下，我国上市家族企业净资产收益率对公司绩效的正面影响不够显著。总资产收益率与公司绩效之间在 5%的水平上呈显著正相关，表明我国上市家族企业总资产收益率越大，公司绩效也越大。但是总资产收益率系数在回归结果分组 1 和回归结果分组 2 中都没有通过显著性检验，也表明在终极控制人及其控制的其他企业所持限售股比例较高的情况下，我国上市家族企业总资产收益率对公司绩效的正面影响也不够显著。

3. 稳健性检验

由于我国上市家族企业控制权比例相对集中，主要分布在 21%～60%，为了对样本数据结果的稳健性进行检验，现将 20%的终极控制权标准提高到 25%，即以 25%作为终极控制权的临界值，以检验缩小样本以后的数据能否支持回归后的假设。以 25%作为终极控制权的临界值后，在原有样本 346 个观测值里，剔除终极控制权在 25%以下的样本观测值 22 个，最后得到 324 个终极控制权在 25%以上的样本观测值，对上述假设和模型进行验证，回归后得出的结论与之前相同，这里不再赘述。因此，实证的结果具有较强的稳健性。

通过上述分析，可以得出以下结论。

1）在我国上市家族企业中，现金流量权多集中在 11%～30%，达到上市家族企业总数的 62.4%，而绝大多数上市家族企业的终极控制权集中在 5%以上，并且有 58%的上市家族企业的终极控制权集中在 21%～40%，甚至有 8.9%的上市家族企业的终极控制权在 60%以上，显示出我国上市家族企业强烈的控制权欲望。

2）我国上市家族企业的两权分离现象十分明显，约有 74%的上市家族企业的两权分离度集中在 51%～100%，并且公司绩效与 SEP 之间呈显著正相关，表明两权分离度越大，即 SEP 值越小，上市家族企业的公司绩效越小，反之公司绩效越大。由此可以得出，上市家族企业的两权分离度越大，越会为家族控股股东侵害其他中小股东的利益提供便利，公司绩效更趋于下降。

3）我国上市家族企业的终极控制权与公司绩效之间呈负相关。我国上市家族企业现金流量权与公司绩效之间呈显著正相关。我国上市家族企业终极控制权和现金流量权的分离与公司绩效之间呈负相关。我国上市家族企业终极控制人及其控制的其他企业所持限售股比例越高，其两权分离度对公司绩效的负面影响越大。

第 7 章　上市家族企业终极控制权与企业投资的实证分析

从伯利和米恩斯提出的分散股权结构到施莱弗等人提出的集中股权结构，并进一步发展到拉・波塔等人提出的终极股权结构，印证着公司治理的理论与实践的不断深入。克莱森斯等人指出，在终极股权结构下，终极控制人通过交叉持股、金字塔股权结构等方式，使得公司的控制权与现金流量权分离，控制权的加强与两权的分离最终影响着终极控制人掏空公司并且侵占少数股东利益的行为。当前，我国上市家族企业股权高度集中，普遍存在着终极控制人，两权分离的现状十分普遍，在这种背景下，终极控制人有动机也有能力作出符合其私人利益的投资决策。近年来，我国上市家族企业的投资行为出现了一些问题，如盲目投资、投资效益低下、频繁变更募集资金的投向等。因此，分析影响终极控制人对上市家族企业投资行为的内在机理，对约束终极控制人利益掠夺、提高企业投资效率具有较为重要的现实意义。本章借助投资现金流敏感度分析终极控制人的终极控制对上市家族企业投资的影响。

7.1　理论分析与研究假设

目前，对企业投资支出与自由现金流之间的关系进行分析的现代财务理论有两种，即融资约束理论和自由现金流假说。上述两种理论均认为上市公司倾向于选择内部融资，以期持有更多的自由现金流达到满足投资的目的。只是融资约束理论倾向于投资不足，而自由现金流假说倾向于过度投资，但是两者都认为企业的投资与自由现金流之间存在着相关性。我国上市家族企业也面临着资本市场的信息不对称及自由现金流的代理问题，因此投资对自由现金流有着依赖性。孙晓琳（2010）基于我国上市公司的研究证实了自由现金流与投资之间存在着显著正相关。基于以上分析，提出假设 1。

假设 1：我国上市家族企业投资与自由现金流之间存在显著相关性。

我国上市公司面临着与外部股东和银行之间的信息不对称问题，但是因其资源的稀缺性带来的融资机会远远多于非上市公司。信息的不对称使得我国上市公司面对的不是融资约束理论所提到的“融资约束”，相反却是“融资便利”（饶育蕾等，2006），这种“融资便利”使得上市公司的终极控制人往往进行过度投资。我国上市公司存在较多的是自由现金流的过度投资行为。总体而言，我国上市公司治理机制抑制自由现金流的过度投资行为的功能较弱（刘昌国，2006）。我国上市公司内部现金流与投资之间呈显著正相关，过度投资能够更合理地解释这种投资现金流敏感度（孙晓琳，2010）。在不受到融资约束的情况下，终极所有者出于自身利益最大化的考虑会进行过度投资（韩志丽，杨淑娥，史浩江，2007）。总之，我国上市家族企业股权高度集中，两权分离使得终极控制人有动机和能力投资非赢利项目以谋取私人收益，这样就导致过度投资发生。基于以上分析，提出假设 2。

假设 2：我国上市家族企业存在过度投资行为。

终极控制人位于上市公司控制链的顶端，其拥有的现金流量权的大小与上市公司的利益是一致的。终极控制人的现金流量权比例越高，其与上市公司的利益关系越紧密，会更注重公司的赢利能力及公司的可持续发展能力，相应地会减少对公司利益的侵占，使公司正常经营，从而减少对上市公司的过度投资行为。现金流量权、最终控制权均对过度投资有抑制作用（彭文伟，冉茂盛，周姝，2009）。而在确保控制权的情况下，终极所有者持有的现金流量权越小，其过度投资越严重（韩志丽，杨淑娥，史浩江，2007）。终极控股股东的现金流量权与投资现金流敏感度之间负相关，具有抑制过度投资的"利益趋同效应"（孙晓琳，2010）。基于以上分析，提出假设 3。

假设 3：我国上市家族企业终极控制人的现金流量权越大，投资对现金流的敏感度越低，现金流量权对过度投资具有抑制作用。

终极控制权与所有权的分离与投资现金流敏感度之间呈正相关，表明两权分离使得终极控股股东有能力和动机侵占上市公司利益，加剧过度投资（孙晓琳，2010）。在民营企业中，终极控制人的控制权与现金流量权之间的偏离度越大，投资不足现象越严重，并且终极控制人的现金流量权越低，这种代理问题对投资效率的负效应表现得越明显（程仲鸣，2010）。终极控制权与现金流量权分离时，终极控制人倾向于过度投资以实现"隧道效应"（彭文伟，冉茂盛，周姝，2009）。尤其在多层级控制链的情况下，上市公司的两权分离使得终极控制人只需要承担较低的侵占成本，就能够以较低的现金流量权对底层公司进行有效的控制，因此终极控制人具有更大的动机和能力进行非效率投资与利益侵占。基于以上分析，提出假设 4。

假设 4：我国上市家族企业终极控制权与现金流量权之间的分离程度越大，投资对现金流的敏感度就越高，两权分离度能够加剧其过度投资行为。

自由现金流假说认为，自由现金流的约束能够缓解代理问题。因为当上市公司的自由现金流较少时，股东与经营者之间的代理问题能够得到一定程度的缓解，而当上市公司的自由现金流较多时，股东与经营者之间的代理问题将变得更为严重。传统的自由现金流假说更多地关注股东与经理人之间的代理问题，而当前普遍存在的股权集中下的终极控制人与少数股东之间的代理问题则是传统的自由现金流假说所未涉及的。目前国内外的许多学者认为该假说也适用于终极控制人与少数股东之间的代理问题。由于终极控制人需要充足的现金流去侵占上市公司与少数股东的利益，因此现金流的约束能够有效地抑制终极控制人进行利益侵占的行为，从而相应地减少过度投资行为。基于以上分析，提出假设 5。

假设 5：与具有较小现金流的上市家族企业相比，具有越高现金流的上市家族企业，其投资现金流敏感度越高；终极控制权和现金流量权之间的分离程度越大，对我国上市家族企业投资现金流敏感度的正向影响越大。

7.2 研究设计

1. 研究目标

本章通过研究终极控制权、现金流量权及两权分离的程度与投资之间的关系，从而分析得到相应的证据。

2. 样本选择和数据来源

本研究采用 2013～2015 年上海证券交易所和深圳证券交易所 A 股上市家族企业平衡面板数据。首先选择由家族或自然人控制的上市公司每年各 236 家，然后按照以下筛选标准剔除部分数据。

1）终极控制人不能追溯到家族或自然人的上市公司。

2）终极控制人控制权比例低于 20%的上市公司，使所选样本终极控制人最低控制权比例超过 20%，以保证终极控制人可以对上市公司实现有效控制。

3）ST、*ST、PT 的上市公司。

4）金融保险业上市公司。

5）资料不全无法计算现金流量权的上市公司。

6）无资本结构的上市公司。

经过筛选得到最终研究样本，最后得到 216 家上市家族企业 816 个观测值。

本研究采用的上市家族企业终极控制权和现金流量权等数据来自 CCER 民营上市公司数据库，财务数据来自 CCER 和 CSMAR 数据库，资本结构的数据主要来自 CCER 数据库，其他数据主要来自 Wind 数据中心和巨潮资讯网年报资料。

3. 变量界定

本研究选取三组研究变量，即被解释变量、解释变量和控制变量。

（1）被解释变量

被解释变量是指投资支出（investment expenditure，IE）。目前，大多数文献研究采用两种方式来衡量投资支出：一种是用资本支出来衡量，即现金流量表中

“购建固定资产、无形资产和其他长期资产所支付的现金”与年初总资产的比值；另一种衡量方式是资产负债表中“固定资产、工程物资以及在建工程”的年度净增加值与折扣的总和。本研究采用资本支出的方式衡量投资。

（2）解释变量

本研究对我国上市家族企业的终极控制权与投资之间的关系进行分析。终极控制权的特征表现为终极控制权和现金流量权的分离。本研究用自由现金流（free cash flow，FCF）、成长性与自由现金流的交叉项（GROW×FCF）、终极控制人现金流量权与自由现金流的交叉项（CFR×FCF）、终极控制权与现金流量权的分离及自由现金流的交叉项（STR×FCF）作为解释变量。

（3）控制变量

本研究的重点是中国上市家族企业终极控制权对投资的影响，但是还有其他因素会对公司的投资产生影响。为使研究假设更加准确、研究结果更加具有说服力，本研究将影响投资的一些重要的公司特征因素作为控制变量纳入分析框架，主要包括资产负债率（debt liability ratio，DLR）、赢利性（profitability，PROF）、成长性（growth，GROW）、公司的规模（size，SIZE）等。为了避免行业和年度的影响，还设置了行业（industry，INDU）和年度（year，YEAR）两个虚拟变量。

研究变量一览表见表 7.1。

表 7.1　研究变量一览表

变量分组	代码	变量解释
被解释变量	IE	投资支出=现金流量表中“构建固定资产、无形资产和其他长期资产所支付的现金”与年初总资产的比值
解释变量	FCF	自由现金流=现金流量表中“经营活动产生的现金流量净额”与年初总资产的比值
	GROW×FCF	成长性与自由现金流的交叉项
	CFR×FCF	终极控制人现金流量权与自由现金流的交叉项
	STR×FCF	终极控制权与现金流量权的分离及自由现金流的交叉项
控制变量	DLR	资产负债率=总负债/总资产
	PROF	赢利性=净利润/净资产
	GROW	成长性=（主营业务收入-上年主营业务收入）/上年主营业务收入
	SIZE	公司规模=总资产的自然对数
	INDU	行业虚拟变量
	YEAR	年度虚拟变量。如果是 2013 年取值为 1，否则为 0

4. 模型建立

为检验本研究提出的五个假设，构建以下四个计量模型。

为了检验我国上市家族企业投资与自由现金流之间的关系（检验假设 1），构建多元回归模型 1：

$$\begin{aligned}\text{IE} = {} & \beta_0 + \beta_1 \times \text{FCF} + \beta_2 \times \text{DLR} + \beta_3 \times \text{PROF} + \beta_4 \times \text{GROW} + \beta_5 \times \text{SIZE} \\ & + \beta_6 \times \text{YEAR}_{2010} + \sum \phi \text{INDU} + \varepsilon\end{aligned}$$

为了检验我国上市家族企业是否存在着过度投资（检验假设 2），构建多元回归模型 2：

$$\begin{aligned}\text{IE} = {} & \beta_0 + \beta_1 \times \text{FCF} + \beta_2 \times \text{DLR} + \beta_3 \times \text{PROF} + \beta_4 \times \text{GROW} + \beta_5 \times \text{SIZE} \\ & + \beta_6 \text{GROW} \times \text{FCF} + \beta_7 \times \text{YEAR}_{2010} + \sum \phi \text{INDU} + \varepsilon\end{aligned}$$

为了检验我国上市家族企业终极控制人的现金流量权与过度投资之间的关系（检验假设 3），构建多元回归模型 3：

$$\begin{aligned}\text{IE} = {} & \beta_0 + \beta_1 \times \text{FCF} + \beta_2 \times \text{DLR} + \beta_3 \times \text{PROF} + \beta_4 \times \text{GROW} + \beta_5 \times \text{SIZE} \\ & + \beta_6 \text{CFR} \times \text{FCF} + \beta_7 \times \text{YEAR}_{2010} + \sum \phi \text{INDU} + \varepsilon\end{aligned}$$

为了检验我国上市家族企业终极控制权和现金流量权的分离程度与过度投资之间的关系（检验假设 4），构建多元回归模型 4：

$$\begin{aligned}\text{IE} = {} & \beta_0 + \beta_1 \times \text{FCF} + \beta_2 \times \text{DLR} + \beta_3 \times \text{PROF} + \beta_4 \times \text{GROW} + \beta_5 \times \text{SIZE} \\ & + \beta_6 \text{STR} \times \text{FCF} + \beta_7 \times \text{YEAR}_{2010} + \sum \phi \text{INDU} + \varepsilon\end{aligned}$$

将全部样本的自由现金流分为高低两组之后，使用模型 1 和模型 4 进行回归分析，用来检验假设 5。

7.3　实 证 分 析

1. 描述性统计

样本中主要变量描述性统计见表 7.2。

表 7.2　主要变量描述性统计

变量	最小值	最大值	均值	标准差
IE	20.455	139.742	8.365	10.826
UCR	21.358	78.874	37.613	13.482
CFR	9.905	88.494	26.342	12.561
STR	0.000	46.375	11.271	9.264
FCF	−26.259	189.535	20.325	11.652
DLR	1.964	93.616	48.671	15.945
PROF	−1.427	0.853	0.174	0.156
GROW	1.352	2.395	1.274	1.153
SIZE	7.863	12.323	9.513	0.527

从表 7.2 可以看到全部样本观测值的描述性统计结果。企业投资 I 的均值为 8.365，即投资率为 8.365%；代表公司成长性水平的营业收入增长率均值为 1.274，表明样本公司存在相应的投资机会，各公司的成长性有一定的差距；自由现金流均值为 20.325，说明样本公司普遍拥有一定的自由现金流，从而为上市家族企业的过度投资创造了条件。从终极股权结构来看，样本公司的现金流量权均值为 26.342，而终极控制权的均值为 37.613，表明上市家族企业的终极控制人用平均为26.342%的现金流量权掌控着公司37.613%的控制权，其平均分离度为11.271%，表明上市家族企业普遍存在股权集中和终极控制的情况，终极控制人有动机和能力操纵上市公司的投资决策，从而引发过度投资的行为。

2. 变量的相关性分析

统计变量相关系数矩阵见表 7.3。

表 7.3 相关系数矩阵

变量	I	FCF	DLR	PROF	GROW	SIZE
I	1					
FCF	0.285	1				
DLR	−0.076	−0.082	1			
PROF	0.209	0.386	0.147	1		
GROW	0.137	0.195	0.067	0.251	1	
SIZE	0.224	0.105	0.325	0.230	0.083	1

表 7.3 列出变量相关性的检验结果。资产负债率与投资支出水平之间呈负相关。自由现金流、成长性、公司规模均与投资支出水平之间呈正相关，这与经典财务理论的描述相一致。在检验模型涉及的各变量之间的相关系数中，有的系数值较高，可能存在共线性风险。

3. 共线性诊断

各解释变量之间的相关有可能使回归模型存在共线性风险，下面用 VIF 来进行共线性诊断。计算得出的 VIF 值总表见表 7.4。

表 7.4 VIF 值总表

模型 / VIF / 变量	模型1	模型2	模型3	模型4
FCF	1.240	1.342	1.167	1.087
DLR	1.139	1.259	1.447	1.291

续表

模型 VIF 变量	模型1	模型2	模型3	模型4
PROF	1.251	1.127	1.172	1.320
GROW	1.432	1.571	1.329	1.414
SIZE	1.269	1.409	1.175	1.283
GROW×FCF	—	1.201	—	—
CFR×FCF	—	—	1.164	—
STR×FCF	—	—	—	1.273

从表 7.4 可以看出，VIF 值处于 0～10 之间，说明各变量之间基本不存在多重共线性。

4. 回归分析

将观测样本分别代入前面的四个模型进行回归分析，得到回归结果模型 1、回归结果模型 2、回归结果模型 3 和回归结果模型 4。回归结果汇总见表 7.5。

表 7.5　回归结果汇总表

变量	回归结果模型1	回归结果模型2	回归结果模型3	回归结果模型4
C	-0.452*** (-8.605)	0.446*** (-8.583)	0.492*** (-8.979)	-0.461*** (-8.755)
FCF	0.158*** (7.703)	0.192*** (8.353)	0.321*** (7.148)	-0.144*** (6.862)
DLR	-0.041*** (-3.125)	-0.039*** (-3.008)	-0.052*** (-3.614)	-0.043*** (−3.457)
PROF	0.019*** (0.909)	0.025*** (1.258)	0.023*** (1.306)	0.021*** (1.167)
GROW	0.021*** (4.024)	0.027*** (4.814)	0.029*** (4.317)	0.024*** (4.128)
SIZE	0.024*** (9.726)	0.024*** (9.564)	0.024*** (10.437)	0.024*** (9.886)
GROW×FCF	—	-0.024*** (-3.461)	—	—
CFR×FCF	—	—	-0.415*** (-3.816)	—
STR×FCF	—	—	—	-0.378** (-3.029)
INDU	控制	控制	控制	控制
YEAR	控制	控制	控制	控制

续表

变量	回归结果模型1	回归结果模型2	回归结果模型3	回归结果模型4
R^2	0.150	0.153	0.157	0.151
Adj.R^2	0.148	0.149	0.152	0.146
F	24.673***	24.109***	24.270***	23.841***
Prob	0.000	0.000	0.000	0.000

***表示检验在 1%的水平上显著，**表示检验在 5%的水平上显著，括号内为各变量系数的 t 值。

从表 7.5 中可以看出，四个回归模型均在 1%的水平上通过了 F 检验，说明模型具有有效性，回归方程具有比较强的解释力。

回归结果模型 1 中，自由现金流的系数在 1%的水平上显著为正，说明我国上市家族企业的投资普遍受到自由现金流的影响，投资现金流敏感度显著存在，假设 1 成立。上市家族企业的赢利性、成长性、公司规模均与投资支出之间呈显著正相关，表明上市家族企业的赢利性越大、成长性越好、公司规模越大，投资支出水平越高。资产负债率与投资支出之间呈显著负相关，表明负债能够抑制上市家族企业的投资支出。

回归结果模型 2 中，引入成长性与自由现金流的交互项来验证投资现金流敏感度的来源，其系数在 1%的水平上显著为负（−0.024），假设 2 成立。实证结果支持过度投资的解释，即我国上市家族企业投资现金流敏感度存在的原因更多地是由自由现金流过度投资引起的。

回归结果模型 3 中，引入现金流量权与自由现金流的交互项来验证上市家族企业终极控制人现金流量权对投资现金流敏感度的影响，其系数在 1%的水平上显著为负（−0.415），说明随着终极控制人现金流量权的增加，投资现金流敏感度降低，假设 3 成立。

回归结果模型 4 中，引入两权分离度与自由现金流的交互项来验证上市家族企业终极控制人两权分离度对投资现金流敏感度的影响，其系数在 5%的水平上显著为负（−0.378），说明随着我国上市家族企业两权分离的增加，投资现金流敏感度也增加，假设 4 成立。

上述实证结果表明，我国上市家族企业投资现金流敏感度显著存在，自由现金流是影响上市家族企业投资的重要因素之一。终极控制人为了获得控制权私利，凭借其掌控的控制权投资一些净现值为负的项目，从而形成过度投资，损害上市家族企业的利益。终极控制人的两权分离度越大，其承担利益掠夺的成本越低，就越有动机滥用公司的自由现金流，加剧过度投资的行为。当然，随着终极控制人拥有的自由现金流的增加，终极控制人的利益与公司的利益会趋于一致，因此能够降低投资现金流敏感度，减少上市家族企业的过度投资。

为了检验假设 5，将样本总体按自由现金流中位数（20.158）分为高低两组，使用模型 1 和模型 4 再次回归检验（见表 7.6）。

表 7.6 按自由现金流分组的回归结果汇总表

变量	低现金流样本组（FCF<20.158）		高现金流样本组（FCF≥20.158）	
	模型1	模型4	模型1	模型4
C	-0.373*** （-5.107）	-0.371*** （-4.598）	-0.514*** （-6.626）	-0.492*** （-6.385）
FCF	0.071** （2.105）	0.065** （1.952）	0.098*** （2.849）	0.087*** （2.536）
DLR	-0.044*** （-3.251）	-0.044*** （-3.247）	-0.027 （-1.312）	-0.028 （-1.416）
PROF	0.021*** （1.107）	0.028*** （1.325）	0.024*** （1.215）	0.022*** （1.209）
GROW	0.019*** （3.754）	0.019*** （3.748）	0.030** （2.328）	0.030** （2.409）
SIZE	0.017*** （6.324）	0.017*** （6.307）	0.026*** （6.852）	0.027*** （6.965）
STR×FCF		0.098 （0.406）		0.462* （1.864）
INDU	控制	控制	控制	控制
YEAR	控制	控制	控制	控制
R^2	0.153	0.151	0.156	0.159
Adj.R^2	0.149	0.146	0.108	0.126
F	13.237***	12.625***	8.472***	7.958***
Prob	0.000	0.000	0.000	0.000

***表示检验在 1%的水平上显著，**表示检验在 5%的水平上显著，*表示检验在 10 %的水平上显著，括号内为各变量系数的 t 值。

从表中可以看出，低现金流样本组和高现金流样本组的投资与现金流之间的系数在 1%或 5%的水平上呈显著正相关，但是高现金流样本组的系数明显高于低现金流样本组的系数，这说明现金流越多的上市家族企业，投资对现金流越敏感，过度投资越容易发生。另外，在低现金流样本组中，负债与投资之间的系数在 1%的水平上呈显著负相关，表明负债能够抑制上市家族企业的投资支出。在高现金流样本组中，虽然负债与投资之间的系数呈负相关，但是未通过显著性检验，因此负债并没有抑制上市家族企业的投资支出。

表中的模型 4，在低现金流样本组中，STR×FCF 系数没有达到显著性水平，而在高现金流样本组中，STR×FCF 系数在 10%的水平上呈显著正相关。这说明，当上市家族企业现金流较少时，终极控制人虽然有动机为获取控制权私人收益而进行过度投资，但是因为现金流不足，使其利益侵占发生的概率降低，过度投资减少。只有在高现金流样本组中，终极控制人拥有充足的现金流这一基础，即具有利益侵占和过度投资发生的条件。综上所述，假设 5 成立。

7.4　稳健性检验

由于我国上市家族企业控制权比例相对集中，主要分布在 20%～60%，为了对样本数据结果的稳健性进行检验，现将 20%的终极控制权标准提高到 25%，即以 25%作为终极控制权的临界值，以检验缩小样本以后的数据能否支持回归后的假设。以 25%作为终极控制权的临界值后，在原有样本 816 个观测值里，剔除终极控制权在 25%以下的样本观测值 122 个，最后得到 694 个终极控制权在 25%以上的模拟样本观测值，对上述假设和模型进行验证，回归后得出的结论与之前相同，这里不再赘述。因此，实证的结果具有较强的稳健性。

经过上述分析，可以得出如下结论。

1）我国上市家族企业的投资普遍受到自由现金流的影响，投资现金流敏感度显著存在。上市家族企业的赢利性、成长性、公司规模均与投资支出之间呈显著正相关，表明上市家族企业的赢利性越大、成长性越好、公司规模越大，投资支出水平越高。在低现金流样本组中，资产负债率与投资支出之间显著负相关，表明负债能够抑制上市家族企业的投资支出。

2）我国上市家族企业投资现金流敏感度存在的原因更多的是由自由现金流过度投资引起的。

3）随着终极控制人现金流量权的增加，投资现金流敏感度降低。

4）随着我国上市家族企业两权分离的增加，投资现金流敏感度也增加。

上述实证结果表明，我国上市家族企业投资现金流敏感度显著存在，自由现金流是影响上市家族企业投资的重要因素之一。终极控制人为了获得控制权私利，凭借其掌控的控制权去投资一些净现值为负的项目，从而形成过度投资，损害上市家族企业的利益。终极控制人的两权分离度越大，其承担利益掠夺的成本越低，就越有动机滥用公司的自由现金流，加剧过度投资的行为。当然，随着终极控制人拥有的自由现金流的增加，终极控制人的利益与公司的利益会趋于一致，因此能够降低投资现金流敏感度，减少上市家族企业的过度投资。

5）在高现金流样本组中，负债并没有抑制上市家族企业的投资支出。当上市家族企业现金流较少时，终极控制人虽然有动机为获取控制权私人收益而进行过度投资，但是因为现金流不足，使其利益侵占发生的概率降低，过度投资减少，而一旦终极控制人拥有充足的现金流这一基础，也就具有利益侵占和过度投资发生的条件。

第 8 章　上市家族企业终极控制权与债务期限决策的实证分析

经典 MM 理论的提出使公司融资决策成为许多学者研究关注的重点，并在基本杠杆选择方面取得显著成果。基本杠杆选择假定债务具有同一性，但是由于债务在优先性、有无担保、期限等方面明显不同，因此这些外在条件的设定对公司经营管理具有不同的效应。债务期限结构决策是资本结构决策的重要组成部分，不同期限的债务会直接影响企业的债务成本、自由现金流量、代理成本和内部人私有收益等，因此企业需要对债务期限作出合理选择。随着上市家族企业的异军突起，近年来很多学者也将其作为一个群体进行相关的财务研究。家族企业一般是指同一个家族里至少有两代人参与同一家公司的经营管理活动，从而使公司的政策和家族的利益、家族经营的目标有着密切的关系。古典家族企业的核心特征是家族所有和家族控制合一，即企业所有权和控制权的两权合一。这种特征在企业发展初期有其优势，但是随着企业规模不断扩大，需要从资本市场募集资本满足其扩张需求，由此产生不同于古典家族企业特征的新家族企业，即控制权和所有权相分离的家族企业。资本结构与债务期限结构是公司融资决策的两大关键因素，但是目前对资本结构研究较多，对债务期限结构研究较少（孙谦，石松，2015）。目前针对上市家族企业的研究主要集中在公司治理结构对其经营业绩、企业价值的影响，很少有学者关注家族企业控制和债务期限之间的关系。由于家族企业是一个连续分布的谱系，因此对其进行分类研究显得较为重要。

8.1　我国上市家族企业终极控制权与债务期限决策的实证分析（静态）

1. 理论分析与研究假设

（1）终极控制权与现金流量权的偏离程度对资本结构的影响

世界范围内的经验表明，在上市家族企业中，大多采用金字塔持股结构，因此当控制权和现金流量权发生偏离时会产生资本杠杆效应。此时，终极控制人只要运用较少的现金流就可以获得最底端公司较大的控制权，可以控制大量的外部资金。当控制权和现金流量权发生偏离的程度增大时，上市公司更倾向于采用债务融资，增大资本杠杆效应，以便利用这种杠杆效应获得控制权私利。Stulz 研究发现，在上市公司中，如果存在控股股东，其常常会将上市公司的负债水平提高到最优水平之上，以保证控股股东对股权的控制，从而降低其丧失上市公司控制权的风险，因此在控股股东控制的上市公司中，存在着负债的股权非稀释效应。控制权私利的产生必须有一个前提，即公司的控制权不被稀释。因此，许多上市公司在融资时倾向于选择债务融资，负债增加了控股股东对上市公司更多资源的控制，当控制权和现金流量权之间发生偏离时，控股股东或终极控制人通过关联交易、担保等方式将上市公司获得的债务现金资源转移到自己手中。有学者对中国台湾上市公司进行分析后发现，当控制权和现金流量权之间偏离的程度越大时，中国台湾上市公司越容易采用较高的负债比例。并且提出，在存在着终极控股股东的上市公司中，终极控股股东更有动机提高负债，从而达到以较小的现金流量权取得较大的控制权的目的。基于以上分析，提出假设 1。

假设 1：我国上市家族企业终极控制权和现金流量权之间的分离程度与上市公司的资本结构之间呈正相关。

（2）终极控制权对债务期限的影响

终极控制权代表着上市公司终极控制人对该上市公司经营决策的控制力。随着终极控制权的不断增加，终极控制人掠夺债权人和中小股东的动机也不断增大，从而实现终极控制人利益最大化的目标，而债务融资是其获取控制权私利的主要途径之一。从债务融资的期限来看，债务融资可分为短期债务融资和长期债务融资，而不同期限的债务具有不同的效应。对于长期债务融资，上市公司的还款期限较长，短期内没有太大的支付压力，能够增加终极控制人对资产的自由支配程度，并且具有资产的替代效应，即终极控制人可以用高风险高收益的投资项目来替代低风险低收益的投资项目，以便获得更高的收益，实现其控制权私利。对于短期债务融资，上市公司承担着按期还本付息的压力，减少了终极控制人对资产的自由支配程度，增大了上市公司破产的风险，降低了公司资产替代行为。因此，短期债务融资对终极控制权优势的发挥有着抑制作用，在一定程度上不利于终极控制人实现控制权私利的最大化。基于以上分析，提出假设 2。

假设 2：我国上市家族企业的终极控制权与债务期限之间呈负相关。

（3）终极控制权与现金流量权的偏离程度对债务期限的影响

当上市公司终极控制权与现金流量权之间出现偏离时，终极控制人通过金字塔持股结构、交叉持股等方式实现对上市公司的控制，更有可能凭借对上市公司的控制权将公司利益转移到自己手中，因此更容易发生各种掠夺行为，容易增强终极控制人掠夺其他利益相关人的动机，从而达到满足其私人收益的目的。有学者研究发现，短期负债可以减少公司的代理成本，即缩短公司的债务有效期限可以减少源于资产替代和投资不足的代理成本。因此，短期负债可以抑制终极控股股东与其他股东之间的代理冲突，不利于终极控制人实现其掠夺其他利益相关人的目标。因此，上市公司的终极控制权与现金流量权之间的分离程度越大，终极控制人越不愿意选择短期债务融资，而会更倾向于选择长期债务融资。基于以上分析，提出假设 3。

假设 3：我国上市家族企业的终极控制权和现金流量权之间的分离程度与债务期限之间呈负相关。

2. 研究目标

由于在我国上市家族企业中广泛存在着终极控制权的情况，因此上市家族企业在债务融资时会充分考虑债务融资期限的不同所带来的不同效应，因而选择合理的债务融资结构。本章通过研究终极控制权、现金流量权及两权分离的程度对债务期限的影响，从而分析得到相应的证据。

3. 样本选择和数据来源

本研究采用 2013～2015 年上海证券交易所和深圳证券交易所 A 股上市家族企业平衡面板数据。首先选择由家族或自然人控制的上市公司每年各 236 家，然后按照以下筛选标准剔除部分数据。

1）终极控制人不能追溯到家族或自然人的上市公司。

2）终极控制人控制权比例低于 20%的上市公司，使所选样本终极控制人最低控制权比例超过 20%，以保证终极控制人可以对上市公司实现有效控制。

3）ST、*ST、PT 的上市公司。

4）金融保险业上市公司。

5）资料不全无法计算现金流量权的上市公司。

6）无资本结构的上市公司。

经过筛选得到最终研究样本，最后得到 216 家上市家族企业 816 个观测值。

本研究采用的上市家族企业终极控制权和现金流量权等数据来自 CCER 民营上市公司数据库，财务数据来自 CCER 和 CSMAR 数据库，资本结构的数据主要来自 CCER 数据库，其他数据主要来自 Wind 数据中心和巨潮资讯网年报资料。

4. 变量界定

本研究选取三组研究变量，即被解释变量、解释变量和控制变量。

（1）被解释变量

1）使用资产负债率（DLR）来衡量资本结构。国内外大多数学者采用资产负债率来衡量资本结构。由于资产负债率可以反映债务融资和股权融资在企业总资产中各自占有多大的比例，也可以衡量企业在清算时保护债权人利益的程度，基于我国资本市场不够完善，以及债务融资在企业融资中占有主要地位的现状，采用短期负债率或长期负债率都不能全面反映资本结构。因此，本研究选用资产负债率来衡量资本结构，主要用来检验假设 1。

2）使用短期债务占总债务的比重来衡量债务期限（debt maturity，DM）结构。目前，银行借款和商业信用是我国上市家族企业债务融资的两个主要途径，商业信用主要依赖于上市家族企业之间业务往来关系中的彼此的信用，不属于本研究的分析范围。因此，本研究用银行借款来分析债务融资，并且以短期债务占总债务的比重来衡量债务期限结构，主要用来检验假设 2 和假设 3。

（2）解释变量

本研究对我国上市家族企业的终极控制权与债务期限结构之间的关系进行分析。终极控制权的特征表现为终极控制权和现金流量权的分离，因此本研究用终极控制权（UCR）和两权分离度（STR）来度量终极控制权这一变量。

（3）控制变量

本研究的重点是中国上市家族企业终极控制权对债务期限决策的影响，但是还有其他因素会对公司的债务期限决策产生影响。为尽量保证研究假设更加准确，研究结果更加具有说服力，本研究将影响债务期限决策的一些重要的公司特征因素作为控制变量纳入分析框架，主要包括公司规模（SIZE）、资产期限（asset maturity，AM）、赢利性（PROF）、成长性（GROW）、非负债税盾（on-liability tax shield，NLTS）和固定资产比（fixed asset ratio，FAR）。为了避免行业和年度的影响，还设置了所属行业（INDU）和年度（YEAR）两个虚拟变量。

研究变量一览表见表 8.1。

表 8.1　研究变量一览表

变量分组	变量简称	代码	变量解释
被解释变量	资产负债率	DLR	资产负债率=总负债/总资产
	债务期限	DM	债务期限=短期债务/总债务
解释变量	终极控制权	UCR	上市家族企业家族终极控股股东的终极控制权用控制链中最低持股比例表示。若有多条控制链，则将各条控制链最小持股比例加总
	两权分离度	STR	终极控制权比例/现金流量权比例
控制变量	公司规模	SIZE	总资产的自然对数
	资产期限	AM	资产期限=长期资产/总资产
	固定资产比	FAR	固定资产比=固定资产净值/总资产
	赢利性	PROF	赢利性=净利润/净资产
	成长性	GROW	成长性=（主营业务收入-上年主营业务收入）/上年主营业务收入
	非负债税盾	NLTS	非负债税盾=年度折旧额/总资产
	所属行业	INDU	行业虚拟变量
	年度	YEAR	年度虚拟变量。如果是 2013 年取值为 1，否则为 0

5. 模型建立

为检验本研究提出的三个假设，构建以下三个计量模型。

为了检验上市家族企业终极控制权和现金流量权之间的分离程度与上市公司的资本结构之间的关系（检验假设 1），构建多元回归模型 1：

$$\mathrm{DLR}=a_0+a_1\times \mathrm{STR}_1+a_2\times \mathrm{SIZE}+a_3\times \mathrm{AM}+a_4\times \mathrm{FAR}+a_5\times \mathrm{PROE}+a_6\times \mathrm{GROW}$$
$$+a_7\times \mathrm{NLTS}+a_8\times \mathrm{YEAR}_{2010}+\sum\phi \mathrm{INDU}+\varepsilon$$

为了检验上市家族企业的终极控制权与债务期限之间的关系（检验假设 2），构建多元回归模型 2：

$$\mathrm{DM}=\beta_0+\beta_1\times \mathrm{UCR}+\beta_2\times \mathrm{SIZE}+\beta_3\times \mathrm{AM}+\beta_4\times \mathrm{FAR}+\beta_5\times \mathrm{PROE}+\beta_6\times \mathrm{GROW}$$
$$+\beta_7\times \mathrm{NLTS}+\beta_8\times \mathrm{YEAR}_{2010}+\sum\phi \mathrm{INDU}+\varepsilon$$

为了检验上市家族企业的终极控制权和现金流量权之间的分离程度与债务期限之间的关系（检验假设 3），构建多元回归模型 3：

$$\mathrm{DM}=\lambda_0+\lambda_1\times \mathrm{STR}_2+\lambda_2\times \mathrm{SIZE}+\lambda_3\times \mathrm{AM}+\lambda_4\times \mathrm{FAR}+\lambda_5\times \mathrm{PROE}+\lambda_6\times \mathrm{GROW}$$
$$+\lambda_7\times \mathrm{NLTS}+\lambda_8\times \mathrm{YEAR}_{2010}+\sum\phi \mathrm{INDU}+\varepsilon$$

其中，模型 1 中被解释变量为资产负债率，模型 2 中被解释变量为债务期限。a_0、β_0、λ_0 为常数项。a_i、β_i、λ_i 是各变量的回归系数。a_1 为两权分离度对资本结构的影响系数，β_1 为终极控制权对债务期限的影响系数，λ_1 为两权分离度对债务期限的影响系数。ε 为残差项。

6. 描述性统计与实证分析

（1）描述性统计

样本中主要变量描述性统计见表 8.2。

表 8.2　主要变量描述性统计

变量	最小值	最大值	均值	标准差
DLR	1.9637	93.6158	48.6712	15.9453
DM	2.3528	100.0000	76.9358	30.1174
UCR	21.3580	78.8739	37.6132	13.4815
STR	0.0000	46.3753	11.2717	9.2639
SIZE	7.8625	12.3231	9.5129	0.5272
AM	0.8355	96.1826	41.3127	18.5476
FAR	0.0000	69.5651	23.1654	16.3292
PROF	−1.4266	0.8527	0.1737	0.1562
GROW	1.3521	2.3948	1.2736	1.1531
NLTS	0.0000	8.5783	2.5795	1.6401

对表 8.2 样本的描述性统计进行分析，可以得出如下结论。

1）资产负债率最大值为 93.6158，最小值为 1.9637，均值为 48.6712。这说明上市家族企业债务融资的规模较大，比例较高，反映了债务融资是样本公司重要的融资方式。由于资产负债率最大值和最小值之间的差异达到 91.6521，反映了上市家族企业之间的债务融资程度不均衡。

2）债务期限最大值为 100，最小值为 2.3528，均值为 76.9358。债务变量统计显示上市家族企业的债务主要来源于短期债务，短期债务在总债务中所占的比例高。

3）终极控制权最大值为 78.8739，最小值为 21.3580，均值为 37.6132，这说明我国上市家族企业存在明显的终极控制。

4）两权分离度最大值为 46.3753，平均值为 11.2717，这说明我国上市家族企业两权分离度较高。

上述描述性统计表明，我国上市家族企业普遍存在终极控制权现象，短期债务是上市家族企业最重要的债务融资方式。终极控制权现象的存在是否对债务期限选择有影响还需要进一步分析。

（2）变量相关性分析

各变量的 Pearson 相关系数见表 8.3。

表 8.3　各变量的 Pearson 相关系数

变量	DLR	DM	UCR	STR	SIZE	AM	FAR	PROF	GROW	NLTS
DLR	1									
DM	0.168	1								
UCR	0.069	−0.092	1							
STR	0.149	−0.129	0.263	1						
SIZE	0.513	−0.358	0.141	0.237	1					
AM	−0.085	0.064	−0.152	0.126	0.025	1				
FAR	−0.061	0.101	−0.113	0.092	−0.017	0.185	1			
PROF	−0.108	0.039	0.205	0.007	0.209	-0.726	0.067	1		
GROW	0.059	0.075	0.351	−0.016	0.186	0.213	0.252	0.179	1	
NLTS	−0.091	0.141	−0.096	0.147	−0.039	0.160	0.073	0.066	0.191	1

从表 8.3 可以看出，终极控制权、两权分离度与资产负债率之间呈显著正相关，相关系数分别为 0.069 和 0.149。因此，终极控制权越大，两权分离度越大，则资产负债率越高，假设 1 成立。终极控制权、两权分离度与债务期限之间呈显著负相关，相关系数分别为−0.092 和−0.129。因此，终极控制权越小，两权分离度越小，则短期债务越多，假设 2 和假设 3 均成立。控制变量方面，公司规模和资产负

债率之间呈显著正相关，资产期限、固定资产比、赢利性和资产负债率之间呈显著负相关，成长性和资产负债率之间呈显著正相关，非负债税盾和资产负债率之间呈显著负相关。

（3）共线性诊断

各解释变量之间的相关有可能使回归模型存在共线性风险，下面用 VIF 来进行共线性诊断。计算得出的 VIF 值总表见表 8.4。

表 8.4　VIF 值总表

模型 / VIF / 变量	模型 1	模型 2	模型 3
UCR	—	1.627	—
STR	1.301	—	1.479
SIZE	1.255	1.614	1.527
AM	1.443	1.629	1.438
FAR	1.519	1.703	1.225
PROF	1.264	1.271	1.329
GROW	1.664	1.335	1.191
NLTS	1.202	1.631	1.371

从表 8.4 可以看出，VIF 值处于 0～10 之间，说明各变量之间基本不存在多重共线性。

（4）多元回归分析

上述相关性分析没有控制其他变量对资产负债率和债务期限的影响，可能导致结果存在一定的偏差，因此，需要利用多元回归分析来进一步检验假设。模型回归结果汇总见表 8.5。

表 8.5　模型回归结果汇总表

变量	模型 1	模型 2	模型 3
C	-141.093^{***} (−12.152)	268.522^{***} (13.427)	282.162^{***} (13.617)
UCR	—	-0.050^{**} (−1.385)	—
STR_1	0.064^{***} (2.136)	—	—
STR_2	—	—	-0.073^{***} (−2.145)
SIZE	0.486^{***} (16.256)	-0.310^{***} (−9.218)	-0.321^{***} (−9.522)

续表

变量	模型 1	模型 2	模型 3
AM	−0.161*** (−3.373)	−0.025 (−0.405)	−0.040 (−0.711)
FAR	0.127* (2.101)	−0.027 (−0.375)	−0.019 (−0.257)
PROF	−0.255*** (−7.811)	−0.201*** (6.626)	0.155*** (2.838)
GROW	−0.177*** (−3.735)	0.300*** (8.529)	0.149*** (2.136)
NTLS	−0.099* (−1.967)	0.162*** (2.928)	0.153*** (2.729)
INDU	控制	控制	控制
YEAR	控制	控制	控制
R^2	0.268	0.146	0.135
Adj.R^2	0.254	0.131	0.127
F	60.315	23.419	22.951
Prob	0.000	0.000	0.000

***表示检验在 1%的水平上显著，**表示检验在 5%的水平上显著，*表示检验在 10%的水平上显著，括号内为各变量系数的 t 值。

由表 8.5 可以得出的主要结论如下。

1）表中的第 1 列是以资产负债率作为被解释变量，以两权分离度作为解释变量的回归结果，回归系数为正，这说明两权分离度在 1%的水平上与资产负债率之间呈显著正相关，即终极控制权和现金流量权之间的分离程度越大，资产负债率水平越高，假设 1 成立。

2）表中的第 2 列和第 3 列是以债务期限作为被解释变量，以终极控制权和两权分离度作为解释变量的回归结果，回归系数都为负，实证分析表明终极控制权在 5%的水平上和债务期限之间呈显著负相关，假设 2 成立；两权分离度在 1 %的水平上和债务期限之间呈显著负相关，假设 3 成立。

从控制变量与资产负债率、债务期限的关系来看，主要回归结果如下。

1）公司规模与资产负债率之间在 1%的水平上呈显著正相关，与债务期限之间在 1%的水平上呈显著负相关。表明公司规模越大，越易于从外部获得债务，并且公司规模越大，短期债务越小，更倾向于获得长期债务。

2）资产期限与资产负债率之间在 1%的水平上呈显著负相关，说明资产期限较长时，上市家族企业会减少负债。虽然资产期限与债务期限的回归系数都为负值，但是未通过显著性检验。表明资产期限与债务期限之间在 1%的水平上呈显著负相关。

3）固定资产比与资产负债率之间在 10%的水平上呈显著正相关，说明固定资产净值越大时，上市家族企业会倾向于增加负债。虽然固定资产比与债务期限的回归系数都为负值，但是未通过显著性检验。

4）赢利性与资产负债率之间在 1%的水平上呈显著负相关，与债务期限之间在 1%的水平上呈显著正相关。表明赢利能力越强的上市家族企业，会倾向于减少负债，也会倾向于增加短期债务。

5）成长性与资产负债率之间在 5%的水平上呈显著正相关。表明成长能力越强的上市家族企业，会倾向于减少负债，也会倾向于增加短期债务。

6）非负值税盾与资产负债率之间在 1%的水平上呈显著负相关，与债务期限之间在 1%的水平上呈显著正相关。表明非负值税盾较大时，上市家族企业会倾向于增加负债达到减税的目的，并且企业也会倾向于增加短期债务。

（5）稳健性检验

由于我国上市家族企业股权较为集中，为了对样本数据结果的稳健性进行检验，现将 20%的终极控制权标准提高到 25%，即以 25%作为终极控制权的临界值，以检验缩小样本以后的数据能否支持回归后的假设。以 25%作为终极控制权的临界值后，在原有样本 816 个观测值里，剔除终极控制权在 25%以下的样本观测值 122 个，最后得到 694 个终极控制权在 25%以上的样本观测值，对上述假设和模型进行验证，回归后得出的结论与之前相同，这里不再赘述。因此，实证的结果具有较强的稳健性。

8.2　我国上市家族企业终极控制权对资本结构调整速率影响的实证分析（动态）

在研究资本结构的影响因素时，有的学者基于静态的资本结构理论，有的学者基于动态的资本结构理论。静态研究方法在关于资本结构的早期研究中占据主导地位。在静态研究方法中，用实际资本结构表示目标资本结构，但是实际资本结构未必是目标资本结构，即实际资本结构未必处于最优状态。随后，有学者开始关注资本结构的动态过程，经研究发现：简单的静态模型不能充分地反映资本结构的真实状况，因为现实中企业的资本结构是一个围绕着最优点且在各种因素的共同影响作用下不断调整的动态过程。企业对资本结构的选择是一个动态的行为，因此企业的资本结构是企业财务动态活动的结果。有学者建立了企业资本结构动态调整模型，并以此来分析企业实际资本结构动态调整的特性。相较于静态分析法，动态分析法能够更好地理解企业的实际融资决策。通过研究调整成本，可以增强对目标资本结构合理性的检验。当出现调整成本时，企业未必立即向目标资本结构调整。如果调整收益小于调整成本时，企业可能会选择不调整，这样会使实际资本结构水平偏离目标资本结构水平；如果调整收益大于调整成本时，企业会选择调整，努力使实际资本结构水平接近目标资本结构水平。企业的理性和调整资本结构的成本收益权衡，决定了企业在一定时间内能否迅速完成这种调整过程。因此，有必要探讨终极控制权结构对资本结构调整速率的影响。

1. 研究假设

企业为了优化资本结构而采取的调整行为是存在成本的。企业资本结构的调整成本有两种：债务调整成本和权益调整成本。调整成本是影响目标资本结构调整速度的一个重要因素。学者弗兰纳里和兰根提出，可以通过对企业资本结构的动态调整速度进行估计来检验资本结构变化是否符合权衡理论，同时也认为目标资本结构是随着企业特质的变化而不断变化的。权衡理论的基本逻辑思路是将债务资本成本和收益进行比较。刚开始时企业债务资本所导致的节税收益高于破产成本，但是随着债务资本比率的逐渐增加，破产成本则以快于节税收益的速度逐渐增加，当债务资本所导致的节税收益与破产成本之差达到最大时，便形成了企业的目标资本结构。目标资本结构的内涵可以理解为使节税收益和破产成本之差达到最大的债务比率。因此，企业进行资本结构调整时需要权衡资本结构调整成本与债务资本成本之间的大小关系。企业对资本结构动态调整的核心逻辑是：当资本结构调整所获得的利益大于成本时，企业才会采取调整资本结构的策略。

现金流量权是股东获得股息红利的权利。终极控制人的现金流量权越高，其与中小股东的利益越一致，他们之间的代理冲突问题就越小。在终极控制人的现金流量权较低的企业中，企业的代理成本较高，终极控制人为了不受控制权转移的约束，往往会采取过度负债的行为，在这种情况下，终极控制人调整企业资本结构的动力不足。随着现金流量权的增加，终极控制人的利益与企业的利益逐渐一致，资本结构调整所带来的控制权私有收益的减少小于债务成本的降低。在这种情况下，终极控制人调整企业资本结构的意愿较强，因此带动了资本结构调整速率的加快。此外，随着终极控制人与中小股东代理冲突问题的减少，当调整达到一定幅度时，终极控制人利用股权融资调整资本结构的边际成本会更低，较小的边际调整成本会增加终极控制人朝着目标资本结构方向调整的动力，从而在资本结构调整过程中表现出较快的调整速度。因此，终极控制人的现金流量权越高，资本结构的调整速度越快。基于以上分析，提出假设 4。

假设 4：我国上市家族企业终极控制人现金流量权与资本结构调整速率之间呈正相关。

传统观点认为，当终极控制人拥有较小的现金流量权时，随着终极控制权的增加，终极控制人利用多种手段攫取控制权私有收益的可能性也会增加。在中国，股权高度集中的现象比较普遍，不论是国有企业上市公司还是家族企业上市公司，终极控制人拥有 20%以上的现金流量权已经成为普遍现象，而终极控制人又是以所有权为依托而取得终极控制权的，基于高的现金流量权对终极控制人具有激励效应，因此拥有较多控制权的终极控制人侵害中小股东的动机会减少，使得终极控制人与中小股东的利益趋向一致，这也符合代理成本理论的论述。另外，更重要的是，终极控制权越高，则终极控制人对企业的掌控能力越强，进而有助于提高对企业资本结构决策的效率。基于以上分析，提出假设 5。

假设 5：我国上市家族企业终极控制人的控制权与资本结构调整速率之间呈正相关。

企业的两权分离度越高，则终极控制人与投资者之间的代理冲突问题就越严重，企业的外部融资约束就越强。资本结构的调整成本会因为外部融资约束的存在而增加，从而导致企业朝着目标资本结构方向调整的速度变慢。从前面的分析可知：当两权分离度较高且终极控制人控制企业的实际杠杆远远高于目标水平时，企业往往是过度负债的状况。过度的负债会带来较高的财务困境风险，进而会形成控制权转移壁垒，此时调整成本大于调整收益。另外，当两权分离度较高时，企业的股权融资成本和债务融资成本也会增加。因为两权分离度较高，加剧了终极控制人与中小股东的代理冲突，导致了企业的代理成本提高，同时股权融资的难度也增加了。而在企业进行债务融资时，两权分离度越高，终极控制人与债权人之间的代理成本就越高，债权人对终极控制人的监督成本也会越高，因此企业利用债务融资调整资本结构的成本也越高。总之，两权分离度增加了企业资本结构的边际调整成本，使企业朝着目标资本结构调整的动机减弱，从而使得资本结构调整的速度更慢。因此，当终极控制人的两权分离度越高时，其选择缓慢调整资本结构的动机越强。基于以上分析，提出假设 6。

假设 6：我国上市家族企业终极控制人的两权分离度与资本结构调整速率之间负相关。

2. 模型的建立

本研究借鉴了弗兰纳里和兰根研究中所使用的部分调整模型和盛明泉等人（2012）所使用的拓展方法，结合终极控制权因素构建了调整速率模型。相较于传统的静态模型，资本结构调整速率模型有以下两个特点：①由于资本结构调整成本的存在，使得企业实际资本结构水平偏离目标资本结构的最优水平，同时企业会采用渐进的方式进行修复。企业所面对的资本结构调整成本的大小决定了其修复速度和偏离水平。②在时间维度上内化了影响资本结构的各种因素，随着时间的变化，企业的内外部因素会相应地发生变化，此时企业的目标资本结构水平也将随之进行调整。

（1）部分调整模型

以往的研究是将观测到的企业过去几年里的实际资本结构值的平均值作为目标资本结构值，用企业的实际资本结构作为目标资本结构，即假设公司 i 在 t 年的实际资本结构观测值 DA 等于其目标资本结构 DA^*。在动态调整的情况下，这表示公司 i 的实际资本结构的调整额应当与目标资本结构所需要的调整额相等。然而，这样的假设没有考虑资本结构的调整成本。在现实中，企业调整资本结构是有成本存在的，这常常导致企业不能完全调整到目标资本结构的最优水平，而只能完成部分的调整。为了分析企业资本结构的动态调整过程，可以采用分布滞后模型中的部分调整模型。

$$\mathrm{DA}_{i,t}-\mathrm{DA}_{i,t-1}=\delta_{i,t}(\mathrm{DA}_{i,t}^{*}-\mathrm{DA}_{i,t-1}) \tag{8.1}$$

$$\mathrm{DA}_{i,t}=\delta_{i,t}\mathrm{DA}_{i,t}^{*}+(1-\delta_{i,t})\mathrm{DA}_{i,t-1} \tag{8.2}$$

式中，$\mathrm{DA}_{i,t}^{*}$ 和 $\mathrm{DA}_{i,t}$ 分别表示公司 i 在 t 年的目标资本结构和实际资本结构。δ 是资本结构调整的速率，可以间接反映企业调整成本的大小，表示从 t－1 年到 t 年企业实际资本结构朝着目标资本结构方向的调整速率。

企业在对资本结构进行调整时，必须在两个方面进行权衡：①为了达到目标资本结构所付出的调整成本。②由于偏离目标资本结构而造成的损失。若 $\delta=1$，则两者相等。若 $\delta=0$，则表示资本调整成本高于调整后带来的收益，因此企业不需要调整其资本结构，其资本结构与前一年度相同。若 $0<\delta<1$，则表示企业资本结构调整的程度不够；若 $\delta>1$，则表示企业资本结构调整过度，该企业的资本结构水平也与目标结构水平存在着一定的偏离；若 $\delta<0$，则表示企业的资本结构向目标资本结构的反向进行了调整，这往往意味着企业的经营状况发生了很大的改变，在现实中这样的情况很少发生。

（2）整体调整模型

结合弗兰纳里和兰根研究中所使用的部分调整模型，并在此基础上，整理得出以下公式：

$$\mathrm{DA}_{i,t}=(1-\delta_{i,t})\mathrm{DA}_{i,t-1}+\delta_{i,t}\beta X_{i,t-1}+V_i+\varepsilon \tag{8.3}$$

式中，$X_{i,t-1}$ 表示自变量的滞后项，V_i 表示个体 i 的固定效应。参考多位学者的研究范式，分析终极控制权结构对企业资本结构调整速率的影响，现将调整系数作为影响终极控制权结构因素的函数，引入调整系数模型，得出下式：

$$\delta_{i,t}=\delta_0+\delta\sum j\beta j \quad Y_{i,t} \tag{8.4}$$

式中，$Y_{i,t}$ 是影响调整速度的终极控制权结构的特征变量。选取现金流量权、终极控制权和两权分离度作为影响调整速度的因素。为了避免多重共线性的存在，将相关性较高的因素放入模型中进行估计。

（3）终极控制权结构对企业资本结构调整速率影响的检验模型

现将式（8.4）带入式（8.3）中，整理后可以得到下面三个模型：

$$\mathrm{DA}_{i,t}=(1-\delta_0)\mathrm{DA}_{i,t-1}+\gamma\mathrm{DLR}+\eta\mathrm{CFR}\cdot\mathrm{DA}_{i,t-1}+\delta_0\beta X_{i,t-1}+V_i+\varepsilon \quad \text{（模型 4）}$$

$$\mathrm{DA}_{i,t}=(1-\delta_0)\mathrm{DA}_{i,t-1}+\gamma\mathrm{UCR}+\eta\mathrm{UCR}\cdot\mathrm{DA}_{i,t-1}+\delta_0\beta X_{i,t-1}+V_i+\varepsilon \quad \text{（模型 5）}$$

$$\mathrm{DA}_{i,t}=(1-\delta_0)\mathrm{DA}_{i,t-1}+\gamma\mathrm{STR}+\eta\mathrm{STR}\cdot\mathrm{DA}_{i,t-1}+\delta_0\beta X_{i,t-1}+V_i+\varepsilon \quad \text{（模型 6）}$$

以上三个模型分别与假设 4、假设 5 和假设 6 相对应，模型中的资本结构调整速率分别可以表示为$\delta-\eta$CFR、$\delta-\eta$UCR 和$\delta-\eta$STR。η代表引入变量对调整速率的影响。若η前的符号为负，则可理解为：①随着现金流量权的增加，企业资本结构调整的速率变快；②随着终极控制权的增加，企业资本结构调整的速率变快；③随着两权分离度的增加，企业资本结构调整的速率变慢。

（4）估计方法的选择

由于模型中含有因变量滞后一阶滞后项$\mathrm{DA}_{i,t-1}$，而且还包含了个体 i 的固定效应V_i，因此选择模型参数的估计方法就存在着一定的特殊性：若模型中只有固定效应而没有滞后项，则可以采用固定效应模型进行估计；若模型中只有滞后项而没有固定效应，则可以采用最小二乘法进行估计；但是在固定效应和滞后项同时存在的情况下，若采用传统的计量方法，则会因为内生性问题使得估计结果有偏差或者出现不一致的情况。目前，学者们常常采用广义矩估计（generalized method of manents，GMM）方法处理固定效应和滞后项同时存在的问题。被采用最多的 GMM 方法有两种：差分 GMM 方法和系统 GMM 方法。由于系统 GMM 方法比差分 GMM 方法能够显著地提升参数估计的效率，并且系统 GMM 方法中还包含了水平方程，因此可以估计不随时间变动但是与横截面有关的变量。本研究使用系统 GMM 方法对模型 4、模型 5 和模型 6 进行估计，采用 AR（2）统计量和 Sargan 统计量分别进行统计检验。

3. 实证分析的结果

模型 4、模型 5 和模型 6 调整速率系统 GMM 估计结果见表 8.6。结果显示：AR（2）统计量分别是 0.358、0.376 和 0.362，即差分后的误差项不存在二阶自相关，因此不能拒绝无相关的原假设；Sargan 统计量分别是 0.255、0.258 和 0.249，即工具变量和误差项之间不存在相关性的设定有效，因此不能拒绝工具变量正确的原假设。这些结果说明了本研究资本结构部分调整模型设定的正确性。

表 8.6　调整速率系统 GMM 估计结果

变量	模型 4	模型 5	模型 6
C	−0.213 （−1.416）	−0.185 （−1.134）	−0.173 （−1.359）
DA_{t-1}	0.715^{***} （6.485）	0.651^{***} （7.225）	0.617^{***} （8.174）
CFR	-0.016^{***} （−2.167）	—	—
CFR× DA_{t-1}	-0.024^{***} （−2.851）	—	—
UCR	—	-0.021^{**} （−1.826）	—

续表

变量	模型 4	模型 5	模型 6
UCR× DA_{t-1}	—	-0.019** （-1.701）	—
STR	—	—	-0.018*** （-2.163）
STR× DA_{t-1}	—	—	-0.028*** （-4.957）
SIZE× DA_{t-1}	0.015*** （6.572）	0.028*** （7.219）	0.020*** （6.838）
AM× DA_{t-1}	-0.141** （-2.509）	-0.156** （-2.483）	-0.164*** （-2.749）
FAR× DA_{t-1}	0.165* （1.811）	0.099 （1.466）	0.097 （1.653）
PROF× DA_{t-1}	-0.361** （-2.168）	-0.373** （-2.234）	-0.359** （-2.137）
GROW× DA_{t-1}	-0.016* （-1.856）	-0.017* （-1.877）	-0.022** （-2.154）
NTLS× DA_{t-1}	-1.044*** （-5.858）	-1.181*** （-5.959）	-1.011*** （-5.569）
INDU	Controlled	Controlled	Controlled
YEAR	Controlled	Controlled	Controlled
AR(2) test	0.358	0.376	0.362
Sargan test	0.255	0.258	0.249

***表示检验在 1%的水平上显著，**表示检验在 5%的水平上显著，*表示检验在 10%的水平上显著。

从表 8.6 中对模型 4 的估计结果来看，在 1%的水平上，交互项 CFR× DA_{t-1} 的系数显著为负，验证了假设 4。表明随着终极控制人的现金流量权的增加，企业实际资本结构朝着目标资本结构方向的调整速率变快。该结果显示，随着终极控制人的现金流量权的增加，终极控制人的利益与公司的利益高度协同一致，会使得终极控制人与中小股东利益的一致性增加，两者之间的代理冲突问题减少，终极控制人在激励效应的作用下会努力提高公司经营的效率，进而使得终极控制人有更大的愿望和动力来利用股权融资调整资本结构。另外，较高的现金流量权可以减少终极控制人与债务人之间的代理冲突问题，进而提高企业利用债务融资工具的效率，并在资本结构调整过程中表现出较高的效率。因此，终极控制人的现金流量权越高，企业实际资本结构朝着目标资本结构调整的速率越快。

从表 8.6 中对模型 5 的估计结果来看，在 5%的水平上，交互项 UCR× DA_{t-1} 的系数显著为负，验证了假设 5。说明随着终极控制权的增加，企业实际资本结构朝着目标资本结构方向的调整速率变快。终极控制权的增加使得企业权利更加集中，从而有利于提升企业内部决策的效率。在终极控制权较低时，企业实际资本结构与目标资本结构之间的偏离度相对较大，调整速率过快则意味着需要大幅度地调整企业的资本结构，这在代理冲突问题相对较大的企业是很难实现的。可以看出，现金流量权、终极控制权的增加降低了企业资本结构的调整成本，从而加快了调整速率。

从表 8.6 中对模型 6 的估计结果来看，在 1%的水平上，交互项 $CV \times DA_{t-1}$ 的系数显著为负，验证了假设 6。表明随着两权分离度的提高，企业实际资本结构朝着目标资本结构方向的调整速率变慢。结果显示，调整成本的提高是限制资本结构调整速率的重要因素之一，随着企业的两权分离和边际成本的增加，调整成本会相应地增加，因为较大的两权分离度会增大终极控制人与企业的中小股东之间、终极控制人与外部债权人之间的代理冲突，进而导致代理成本和融资成本的同步增加。债务融资成本和股权融资成本的同时增加，又使得企业调整资本结构所带来的收益远远小于其调整成本，因此企业的调整动力会减弱，调整速率也就会变慢。此外，在信息不对称的情况下，企业的代理冲突问题本来就已经相当大了，若再加上较高的两权分离度，则企业的代理成本会随着资本结构的大幅波动进一步增加。因此在这种情形下，企业往往会选择过度负债，因为如果大幅度地降低债务比例，容易使得中小股东认为企业的终极控制人会作出不利于企业经营绩效提高的行为。因此，终极控制人为了使侵占中小股东的行为更为隐蔽，在两权分离度较高时，更愿意使资本结构的调整速率变慢，进而实现自身利益的最大化。

上述实证结果表明：

1）我国上市家族企业广泛存在着终极控制权和现金流量权分离的现象。两权分离度越高，资产负债率水平越高。表明两权分离度越高，我国上市家族企业越倾向于采用债务融资，以便获得更多可控制的资源，达到获取控制权私利的目的，并且随着两权分离程度的加大，终极控股股东具有更强的控制权私利和利益侵占效应。

2）我国上市家族企业债务期限和两权分离度之间显著负相关，企业债务期限和终极控制权之间在 5%水平上显著负相关，这表明我国上市家族企业在选择债务融资时不倾向于短期债务，因为短期债务能够对控股股东起到监督作用，还能起到减少自由现金流的作用，以削弱终极控股股东的控制权私利和利益侵占效应。金融机构借款作为我国目前债务融资的主要形式，是上市家族企业获取更多可控资金的主要来源。但是我国目前公司治理结构不完善，并且债权人法律保护环境较弱，银行更倾向于提供短期贷款，因此目前我国银行借款融资形式还主要表现为短期借款。

3）我国上市家族企业终极控制人现金流量权与资本结构调整速率之间呈正相关。表明随着终极控制人的现金流量权的增加，企业实际资本结构朝着目标资本结构方向的调整速率变快。随着终极控制人的现金流量权的增加，终极控制人的利益与公司的利益高度协同一致，并且在资本结构调整过程中表现出较高的效率。现金流量权的增加降低了企业资本结构的调整成本，从而加快了调整速率。

4）我国上市家族企业终极控制人的控制权与资本结构调整速率之间呈正相关。说明随着终极控制权的增加，企业实际资本结构朝着目标资本结构方向的调整速率变快。终极控制权的增加会使得企业的权利更加集中，从而有利于提升企业内部决策的效率。终极控制权的增加降低了企业资本结构的调整成本，从而加快了调整速率。

5）我国上市家族企业终极控制人的两权分离度与资本结构调整速率之间呈负相关。表明随着两权分离度的提高，企业实际资本结构朝着目标资本结构方向的调整速率变慢。随着企业的两权分离和边际成本的增加，债务融资成本和股权融资成本的同时增加，又使得企业调整资本结构所带来的收益远远小于其调整成本，因此企业的调整动力会减弱，调整速率也就会变慢。终极控制人为了使侵占中小股东的行为更为隐蔽，因此在较高的两权分离度时，更愿意使资本结构的调整速率变慢，进而实现自身利益的最大化。

第 9 章　上市家族企业终极控制权与盈余信息含量的实证分析

1968 年鲍尔和布朗在《会计研究杂志》上发表文章《会计盈余数据的实证性评估》，最早对会计盈余信息含量进行研究，同时还创造了被学术界广泛使用的"事件研究法"。他们在对纽约证券交易所上市的 261 家公司进行研究时发现，盈余变动符号与股价变动符号之间存在着显著的相关性，证实了会计盈余具有信息含量，从而提出了盈余反应系数（earnings response coefficient，ERC）的概念，用盈余反应系数来衡量公司股票的超额回报对会计收益中未预期部分的反应程度。研究表明，ERC 越高，股价对盈余变动情况的反应越充分。此后，国内外学者对盈余信息含量一般采用 ERC 来衡量，ERC 的高低反映了盈余信息含量的大小。本研究也采用该指标。

拉·波塔等人开创了终极控制权研究的先河。终极控制权是指股权控制链条的终极控制人通过直接或者间接持有公司股份而对公司拥有的实际控制权，表示股东控制上市公司的能力。他们对全世界 27 个富有经济体进行研究，并首次沿着所有权链条追溯谁拥有最大的投票权，并以控股股东拥有 20%投票权为终极控制形态划分标准，以各国最大公司为研究样本，研究结果表明，除了美国、英国及日本等国的公司显示出较高程度的股权分散比率之外，大多数国家的公司存在着唯一的终极控股股东，其中有 17 个国家的公司是以家族控制为最主要的控制形态，而投资者保护制度较不完善的 11 个国家的公司则显示出较高的家族控制比率，其控制权大都集中在家族或政府手中，并且终极控股股东拥有的控制权超过其拥有的现金流量权，从而得到与其所持股份比例不对称的额外收益。有学者从利益协同效应和利益侵占效应两个相反的角度出发进行研究，研究发现，股权高度集中情况下的两权分离，引发了控股股东与其他中小股东之间的利益冲突，进而对盈余信息含量产生不利影响。弗兰西斯以美国 205 家公司为样本进行研究发现，终极控股股东有动机利用上市公司的财务信息披露政策来侵占上市公司的利益，从而影响公司的会计盈余信息含量。

我国证券市场自 1990 年成立以来取得了飞速的发展，已经成为我国金融体系不可或缺的重要组成部分。但是由于我国资本市场发展的时间较短，因此总体而言，我国上市公司的质量和监管水平还有待提高，市场化程度还需不断加深，相关法律法规制度还不够健全。拉·波塔等人认为，当法律机制不健全时，财务会计信息系统可以为政府、债权人和投资者等提高决策效率提供有用的信息，进而增强投资者的投资信心。同时，财务会计数据尤其是会计盈余还是合同签订和执行的基础信息。

2000年以来，随着中国资本市场的迅猛发展，上市家族企业越来越多。相对于国有企业上市公司，上市家族企业的控制权结构和现金流量权结构更为复杂，并且显著地影响了上市公司价值（苏启林等，2003）。因此，分析上市家族企业的终极控制权结构对会计盈余信息含量的影响具有较为重要的意义。本章以上市家族企业为研究样本，实证分析其终极控制权、现金流量权与会计盈余信息含量之间的关系。

9.1　理论分析与研究假设

1. 终极控制权、现金流量权和侵占效应

拉·波塔和克莱森斯等人进一步研究发现，有许多上市公司的终极控股股东通过金字塔控股结构、交叉持股及互为董事会等形式达到控制上市公司的目的，造成控制权与现金流量权偏离“一股一权”的不合理现象，并使其所掌握的控制权超过其拥有的现金流量权。在此情况下，终极控股股东有可能通过利益转移和掏空公司资产等方式，侵占其他中小股东的利益，并因此产生道德风险与逆向选择的相关代理成本。

雷蒙等人研究指出，控股家族的控制权与现金流量权之间的分离程度越高，控股家族越是可以用较少的现金流来实现对上市公司的实质性控制，其对少数股东的剥削程度也越高，因此引发的代理冲突也越严重，家族企业的价值也会不断降低。克莱森斯等人对东南亚9国公司的研究发现，大股东的现金流量权与公司价值之间呈正相关，与两权偏离度之间呈负相关。因此，他们将正相关解释为大股东现金流量权的“利益趋同效应”，而将负相关解释为大股东侵占其他中小股东利益的“利益侵占效应”。

丹尼斯和麦康奈尔研究认为，在法律体系不完善的国家，终极控股股东不仅可以向上市公司委派管理人员，还可以采用关联交易掏空上市公司。丹蒂实证分析了巴西上市公司的股权结构，分析结果显示：家族终极控股股东的控制权与公司的业绩（用资产回报率表示）之间呈负相关，这表明终极控股股东侵犯其他中小股东利益的情况确实存在。

2. 终极控制权、现金流量权与盈余信息含量

控制性家族一旦掌握了上市公司的控制权，也就同时控制了上市公司的财务报告程序和对外财务信息披露政策。因此，所有权结构作为公司治理层面的最为重要的治理机制，会影响上市公司会计盈余信息的质量。沃茨等人指出，所有权

结构对会计盈余信息质量的影响主要取决于控制性家族对于“利益趋同效应”和“利益侵占效应”的权衡。若控制性家族意在获取不会侵占其他中小股东利益的声望，此时，控制性家族拥有的现金流量权的提高会产生利益趋同效应，从而降低利益侵占效应。因此，控制性家族的侵占效应会随着控制性家族拥有的现金流量权的上升而降低（王俊秋，张奇峰，2008）。当控制性家族在上市公司拥有的现金流量权较高时，其转移公司利润的成本将会增加，从而抑制了其侵占其他中小股东利益的动机。同时，较高的现金流量权可以视为控制性家族向外部投资者作出的放弃控制权私人收益的承诺。因此，大股东的现金流量权与会计盈余信息含量之间呈正相关。对于终极控股股东而言，其现金流量权与上市公司盈余信息含量之间也呈正相关（罗二平等，2013）。

基于以上的理论分析，提出假设1。

假设1：盈余信息含量与上市家族企业拥有的现金流量权之间呈显著正相关。

上市家族企业终极控制人的利益侵占效应会降低会计盈余的信息含量。当上市家族企业拥有较低的现金流量权和很高的终极控制权，即两权分离时，会加剧上市家族企业终极控制人利益侵占的动机，以及强烈隐瞒企业的真实业绩与获取控制权私有收益的动机。同时，也会加剧控制性家族与其他中小股东之间的代理冲突，产生利益侵占效应，降低会计盈余信息含量（王俊秋，张奇峰，2008）。约翰逊研究发现，当控股股东控制权越高、控制权与现金流量权之间的分离越大时，上市公司的财务信息披露质量越差。法西奥研究发现，随着控制权和现金流量权的分离程度的增加，终极控股股东获取控制权私利的动机越来越强烈，从而降低了上市公司会计盈余的信息含量。因此，大股东或终极控股股东的控制权和现金流量权的分离程度与会计盈余信息含量之间显著负相关（罗二平等，2013）。

基于以上的理论分析，提出假设2。

假设2：盈余信息含量与上市家族企业的终极控制权和现金流量权的分离程度之间显著负相关。

上市家族企业为了增强终极控制权，一般会委派家族成员在上市公司直接参与经营管理或者担任公司董事或高级管理职务。克莱森等人研究发现，东亚国家和地区家族企业上市公司的控制权和管理权惊人地一致，在57.1%的家族控制上市公司中存在家族成员担任公司董事或高级管理职务的现象；在印度尼西亚、韩国、马来西亚及中国台湾，有至少80%的上市公司管理者属于家族控股集团。约翰逊研究发现，一般而言，当家族成员参与上市公司管理的程度越高时，公司的财务信息披露质量越差。除第一大股东以外的其他股东的制衡能力越强，上市公司的会计盈余信息含量越高（佟岩，王化成，2007）。当上市家族企业成员担任上市公司董事或高级管理职务时，同时也增强了上市家族企业终极控制人的利益侵占能力，从而会降低会计盈余信息含量。因此，控制性家族在上市公司任职与会计盈余信息含量之间显著负相关（王俊秋，张奇峰，2008）。

基于以上的理论分析，提出假设 3。

假设 3：当上市家族企业的家族成员担任上市公司董事或高级管理职务时，盈余信息含量会较低。

9.2 研究设计

1. 样本选择与数据来源

本研究采用 2013～2015 年上海证券交易所和深圳证券交易所 A 股上市家族企业平衡面板数据，首先选择由家族或自然人控制的上市公司每年各 236 家，然后按照以下筛选标准剔除部分数据。

1）终极控制人不能追溯到家族或自然人的上市公司。

2）终极控制人控制权比例低于 20%的上市公司，使所选样本终极控制人最低控制权超过 20%，以保证终极控制人可以对上市公司实现有效控制。

3）ST、*ST、PT 的上市公司。

4）金融保险业上市公司。

5）资料不全无法计算现金流量权的上市公司。

6）无资本结构的上市公司。

经过筛选得到最终研究样本，最后得到 216 家上市家族企业 816 个观测值。

本研究采用的上市家族企业终极控制权和现金流量权等数据来自 CCER 民营上市公司数据库，财务数据来自 CCER 和 CSMAR 数据库，资本结构的数据主要来自 CCER 数据库，其他数据主要来自 Wind 数据中心和巨潮资讯网年报资料。

2. 主要变量

本研究选取三组研究变量，即被解释变量、解释变量和控制变量。

（1）被解释变量

被解释变量是指市场回报率（market rate of return，MRR）。我们选择盈余反应系数 ERC 作为衡量指标，通过对盈余—回报基本模型进行变形来反映盈余信息含量的大小。

（2）解释变量

本研究对我国上市家族企业的终极控制权与盈余信息含量之间的关系进行分析。其中，终极控制权的特征表现为终极控制权和现金流量权之间的分离，本研究用股价（stock price，SP）、每股收益（EPS）、终极控制权（UCR）、现金流量权（CFR）、两权分离度（STR）和家族成员在上市公司的任职（CEO）作为解释变量。

（3）控制变量

本研究的重点是我国上市家族企业终极控制权与盈余信息含量之间的关系，但是还有其他因素会对上市公司的会计盈余信息含量产生影响。为尽量保证研究假设更加准确，研究结果更加具有说服力，本研究将影响盈余信息含量的一些重要的公司特征因素作为控制变量纳入分析框架，主要包括公司规模（SIZE）、财务杠杆（financial leverage，FL）和市净率（price-to-book ratio，PBR）。为了避免年度的影响，还设置了年度（YEAR）虚拟变量。

研究变量一览表见表 9.1。

表 9.1　研究变量一览表

变量分组	变量名称	代码	变量解释
被解释变量	市场回报率	MRR	公司的年股票收益率，用月个股回报率（考虑现金红利）计算年度收益率
解释变量	股价	SP	公司的年初股票价格
	每股盈余	EPS	公司的每股净利润
	终极控制权	UCR	终极控制权比例等于每个终极控制人的控制链条中最小的持股比例，若有多条控制链条，则将各控制链条中的投票权加总
	现金流量权	CFR	现金流量权比例是通过将终极控制人的控制链条中每条链条上的各个持股比例相乘得到，若有多条控制链条，则将各控制链条中的现金流量权加总
	两权分离度	STR	终极控制权比例/现金流量权比例
	家族成员在上市公司的任职	CEO	上市家族企业成员担任上市公司董事或高级管理职务时，取值为 1，否则为 0
控制变量	公司规模	SIZE	公司总资产的自然对数
	财务杠杆	FL	公司期末资产负债率
	市净率	PBR	每股市价/每股净资产
	年度	YEAR	年度虚拟变量。如果是 2013 年取值为 1，否则为 0

3. 模型建立

本章以盈余—回报基本模型为基础，加入需要考察的变量，从而得到本研究待检验的模型。

基本的盈余—回报模型表示如下：

$$\text{MRR}=\beta_0+\beta_1\times\text{EPS/P}+\beta_2\times\text{FL}+\beta_3\times\text{SIZE}+\beta_4\times\text{PBR}+\beta_5\times\text{YEAR}+\varepsilon \qquad（模型 1）$$

其中，β_1 是盈余反应系数，其符号显著为正；ε 是残差项。

为了检验前文提出的三个假设，现对盈余—回报基本模型进行扩展。分别根据假设 1、假设 2、假设 3，在盈余—回报基本模型的基础上增加上市家族企业的现金流量权比例、终极控制权和两权分离度及上市家族企业成员是否担任上市公司董事或高级管理职务等变量，从而得到模型 2、模型 3、模型 4。

$$\mathrm{MRR}=\beta_0+\beta_1\times \mathrm{EPS/P}+\beta_2\times \mathrm{CFR}+\beta_3\times \mathrm{EPS/P}\times \mathrm{CFR}+\beta_4\times \mathrm{FL}+\beta_5\times \mathrm{SIZE} +\beta_6\times \mathrm{PBR}+\beta_7\times \mathrm{YEAR}+\varepsilon \quad \text{（模型 2）}$$

$$\mathrm{MRR}=\beta_0+\beta_1\times \mathrm{EPS/P}+\beta_2\times \mathrm{STR}+\beta_3\times \mathrm{EPS/P}\times \mathrm{STR}+\beta_4\times \mathrm{FL}+\beta_5\times \mathrm{SIZE} +\beta_6\times \mathrm{PBR}+\beta_7\times \mathrm{YEAR}+\varepsilon \quad \text{（模型 3）}$$

$$\mathrm{MRR}=\beta_0+\beta_1\times \mathrm{EPS/P}+\beta_2\times \mathrm{CEO}+\beta_3\times \mathrm{EPS/P}\times \mathrm{CEO}+\beta_4\times \mathrm{FL}+\beta_5\times \mathrm{SIZE} +\beta_6\times \mathrm{PBR}+\beta_7\times \mathrm{YEAR}+\varepsilon \quad \text{（模型 4）}$$

在模型 2 中，β_3 反映了上市家族企业的现金流量权比例对盈余反应系数的影响，根据假设 1，我们预期 β_3 的符号显著为正；在模型 3 中，β_3 反映了两权分离度对盈余反应系数的影响，根据假设 2，我们预期 β_3 的符号显著为负；在模型 4 中，β_3 反映了家族成员在上市公司的任职对盈余反应系数的影响，根据假设 3，我们预期 β_3 的符号显著为负。

9.3 实 证 分 析

1. 描述性统计分析

相关变量描述性统计见表 9.2。

表 9.2　相关变量描述性统计

变量	最小值	最大值	均值	标准差
MRR	−0.796	1.242	−0.255	0.258
EPS/P	−0.268	0.124	−0.010	0.112
CFR	9.905	88.494	26.342	12.561
UCR	21.358	78.874	37.613	13.482
STR	0.000	46.375	11.271	9.264
CEO	0.000	1.000	0.791	0.485
FL	0.052	0.913	0.524	0.185
SIZE	1.352	2.395	1.274	1.153
PBR	1.225	26.623	4.613	3.599

从表 9.2 的相关变量描述性统计结果可以看出：R 的均值为−0.255，说明上市家族企业的年度收益率为负。现金流量权平均值为 26.342，终极控制权平均值为 37.613，两权分离度的均值为 11.271，说明上市家族企业对公司拥有的现金流量

权小于其对公司拥有的终极控制权，因此，我国上市家族企业中存在着较明显的两权分离现象。CEO 的均值为 0.791，表明上市家族企业成员大多担任了上市公司董事或高级管理职务，而 79.1%这一结果远远超过了其他东亚国家和地区的上市家族企业的 57.1%的均值。

盈余—回报基本模型回归结果见表 9.3。我们对所有数据包括分年度数据进行了回归检验。

表 9.3　盈余—回报基本模型回归结果

变量	全样本		2013 年样本		2014 年样本		2015 年样本	
	系数	t 值	系数	t 值	系数	t 值	系数	t 值
截距项	−0.346	−1.209	0.483	1.128	0.503	1.249	−0.957**	−2.244
EPS/P	0.828***	8.561	1.722***	6.695	0.658***	6.624	1.708***	6.676
FL	−0.115	0.058	0.288***	2.125	−0.386***	−3.219	0.301***	2.548
SIZE	0.005	0.089	−0.087	−1.513	0.077	1.622	0.081	1.658
PBR	−0.014***	−2.561	−0.018***	−3.487	−0.003	−0.354	−0.005	−0.416
YEAR	0.201***	11.856	—	—	—	—	—	—
样本数	816	232	275	309	—	—	—	—
F 值	61.312	18.254	21.361	25.910	—	—	—	—
$Adj.R^2$	0.356	0.214	0.198	0.253	—	—	—	—

***表示检验在 1%的水平上显著，**表示检验在 5%的水平上显著。

从表 9.3 可以看出：在控制了上市家族企业的公司规模（SIZE）、财务杠杆（FL）和市净率（PBR）等因素之后，上市家族企业的盈余水平与股票收益率之间存在着显著的正相关关系，分年度样本和总体样本的回归系数均在 1%的水平上显著。

2. 多元回归分析

多元回归分析见表 9.4。根据模型 2、模型 3、模型 4 的回归分析结果，分别对假设 1、假设 2、假设 3 进行检验。

表 9.4　多元回归分析

变量	模型 2		模型 3		模型 4	
	系数	t 值	系数	t 值	系数	t 值
截距项	−0.413	−1.236	−0.386	−1.159	−0.402	−1.217
EPS/P	0.362***	2.227	1.508***	6.651	1.258***	5.128
CFR	0.032	0.317	—	—	—	—
EPS/P×CFR	—	—	—	—	—	—
STR	—	—	0.005	1.016	—	—

续表

变量	模型 2		模型 3		模型 4	
	系数	t 值	系数	t 值	系数	t 值
EPS/P×STR	—	—	-0.174***	-2.351	—	—
CEO	—	—	—	—	0.018	0.716
EPS/P×CEO	—	—	—	—	-0.586***	-2.259
FL	-0.031	-0.384	-0.041	-0.583	-0.034	-0.462
SIZE	-0.003	-0.067	-0.003	-0.057	-0.002	-0.035
PBR	0.065**	-20561	0.030**	-2.182	0.030**	-2.177
YEAR	0.255***	13.143	0.248***	12.862	0.201***	11.735
F 值	7.126	—	37.859	—	39.166	—
Adj.R^2	0.385	—	0.376	—	0.375	—

***表示检验在 1%的水平上显著，**表示检验在 5%的水平上显著。

表 9.4 的多元回归分析结果显示：在模型 2 中，上市家族企业终极控制人拥有的现金流量权与会计盈余反应系数之间呈正相关，并且在 1%的水平上通过了显著性检验。这表明现金流量权的增加会降低上市家族企业终极控制人的利益侵占效应，使得公司终极控制人的利益与其行为后果之间的联系更加密切，从而增加了会计盈余的信息含量。实证分析的结果支持假设 1，即盈余信息含量与上市家族企业拥有的现金流量权之间呈显著正相关。

在模型 3 中，上市家族企业的两权分离度与会计盈余反应系数之间呈负相关，并且在 1%的水平上显著，这说明两权分离度增强了上市家族企业终极控制人的利益侵占动机，加剧了上市家族企业终极控制人与其他中小股东之间的代理冲突，降低了会计盈余的信息含量。实证分析的结果支持假设 2，即盈余信息含量与上市家族企业的终极控制权和现金流量权的分离程度之间呈显著负相关。

在模型 4 中，上市家族企业的家族成员在上市公司的任职与会计盈余反应系数呈负相关，并且在 1%的水平上显著，这表明其他中小股东意识到上市家族企业的家族成员直接参与上市公司的经营管理会增强其利益侵占的能力。实证分析的结果支持假设 3，即当上市家族企业的家族成员担任上市公司董事或高级管理职务时，盈余信息含量会较低。

综上所述，多元回归分析的结果验证了前文的三个研究假设，同时三个回归方程的拟合度较高，进一步说明了回归模型是可靠的。

1）上述分析结果表明，终极控制权结构和现金流量权结构影响了上市家族企业终极控制人利益侵占的动机和能力，进而影响了会计盈余的信息含量。较高的现金流量权会提高会计盈余的信息含量，从而产生利益趋同效应；而两权分离则会加剧上市家族企业终极控制人与其他中小股东之间的代理冲突，降低会计盈余的信息含量，从而产生利益侵占效应。实证分析结果也支持了上述观点，即盈余信息含量与上市家族企业拥有的现金流量权之间呈显著正相关，与两权分离度之间呈显著负相关；当上市家族企业的家族成员担任上市公司董事或高级管理职务时，增强了其利益侵占的能力，降低了会计盈余的信息含量。

2）研究上市家族企业终极控制权对会计盈余信息含量的影响将会有利于保护中小股东利益。该研究结果的政策意义如下。

① 上市家族企业两权的分离会增强公司终极控制人的利益侵占行为，为了获得控制权私有收益，上市家族企业终极控制人有动机和能力提供低质量的盈余信息，因此加强对两权分离程度较高的上市家族企业的企业行为的监管，优化上市家族企业的终极控制权结构，减少控制权私有收益，应该是提高上市家族企业会计盈余质量的路径之一。

② 国内外大量的实证研究表明，用法律保护投资者的利益可以有效地降低控制权私有收益。法律对投资者的保护通过影响控制权私有收益，进而对会计盈余信息质量产生影响。在对投资者保护较强的国家中，对上市家族企业往往具有高质量的会计以及审计，这些国家的金融市场也较为发达。因此，在制度层面上加强法律对投资者的保护、提高内部人“掠夺”的法律风险、降低终极控制人的控制权私有收益应该是提高上市家族企业会计盈余信息质量的另一可供选择的路径。

下篇
“一带一路”背景下我国家族企业国际化研究

第10章 引 言

10.1 研究的背景和意义

习近平总书记于2013年提出了“一带一路”的概念，随后该概念的内涵得到不断的丰富和完善，从而形成了“一带一路”倡议，确定了新时期供给侧改革的全面布局。2016年9月G20峰会在杭州召开，习近平总书记在峰会上的主题发言中指出，中国的“一带一路”倡议已经取得了一些突破性的成果，并正在有序地推进各项预定工作。随着亚投行会员国的增加，该行已经开始在“一带一路”沿线的一部分国家和地区的基础设施建设中取得了令人瞩目的成果。“一带一路”倡议，就是让“一带一路”沿线各国共享中国的发展机遇，共同促进全球经济建设，帮助沿线国家提高经济发展水平，最终实现东盟、中亚和西亚等国家和地区之间的贸易平衡，实现全球经济的包容性增长。这显然与以往的改革开放战略有着巨大的差别。

改革开放以来，尤其是21世纪以来，我国家族企业蓬勃发展。截至2016年6月30日，在2868家A股上市企业中，有912家为家族企业，上市家族企业的数量与2015年相比增加了28家。上市家族企业的数量在A股上市企业总数量中的占比已达31.8%，接近1/3。经过几十年的发展，许多家族企业形成了较为雄厚的经济实力，部分家族企业还拥有自己的品牌和自主研发的技术，并且正在向专业化和集团化的方向迅速发展。还有一些家族企业已经具有国际化视野，积极谋求全球化发展，努力开拓国际市场，以期实现国际化经营。

随着对外经贸发展的不断深入，我国基础设施、产业结构等也逐渐遇到一些挑战。例如，工业和基础设施集中在沿海地区；部分行业产能过剩；外汇资产过剩；天然气、石油矿产资源等相对贫乏，对外依赖度较高，等等。同时，也出现了一些新的发展机遇。例如，随着我国影响力的扩大，许多国家和地区愿意与我国进行深层次的交流与合作；我国周边国家和地区处于相对稳定的状态等。在这样的机遇与挑战并存的情况下，我国家族企业进行国际化经营，应如何应对“走出去”所面临的风险？又应如何充分利用好国家“一带一路”倡议所带来的历史性发展机遇？这些都值得思考。

国家大力推动“一带一路”的大环境背景，必然会给我国家族企业的国际化带来巨大的推动力。目前，许多学者对我国国有企业“走出去”开展国际化经营进行研究，但是很少有学者结合当前“一带一路”倡仪对家族企业的国际化进行研究。

10.2　研究对象概念的界定

1. “一带一路”倡议的内涵

“一带一路”是指“丝绸之路经济带”和“21 世纪海上丝绸之路”。建设“一带一路”，是以习近平同志为核心的党中央主动应对全球形势深刻变化、统筹国内国际两个大局作出的重要决策。“一带一路”沿线大多是新兴经济体和发展中国家，涉及 65 个国家和地区，总人口约 44 亿，经济总量约 21 万亿美元，分别约占全球总人口和经济总量的 63%和 29%。

2. 企业国际化的内涵

希特和霍斯基森认为，国际化是企业运用内部资源和能力，通过克服存在于世界各国或地区市场的不完全性来谋取利益，跨越国界进入不同市场或区域的扩张行为。因此，任何通过销售、制造或研发活动进入不同的地理区域或海外市场的拓展都可以称为国际化。希特等人指出应从国际化广度和国际化深度两个方面来衡量国际化的程度。

3. 国际化广度和国际化深度的内涵

国际化广度是指企业海外运营所涉及的市场范围，先从心理距离近的国家或地区开始国际化，然后逐渐延伸到心理距离远的国家或地区；国际化深度是指企业资源对于某个特定市场投入的多少，而资源投入程度可以从市场进入模式中得到反映。

10.3　研究方法、研究内容与可能的创新

1. 研究方法

1）对比分析法。本研究对我国家族企业在“一带一路”背景下开展国际化经营的成败与其选择的国际化路径进行对比分析。

2）案例分析法。在理论研究的基础上，对我国家族企业在“一带一路”背景下开展国际化经营的成功与失败的案例、选择渐进式和跨越式的国际化路径的案例进行分析。

3）文献分析法。详细收集国内外学者关于家族企业在“一带一路”背景下国际化的研究文献，并跟踪国内外学者在该领域的最新研究成果，尽可能使本研究处于该领域前沿。

2. 研究内容

1）引言。论述本部分的研究背景、意义，对涉及本研究对象的相关概念给予界定，并介绍本研究的研究方法、研究内容与可能的创新之处。

2）理论回顾与文献综述。对国际化相关理论进行回顾，对国内外学者国际化相关研究进行介绍和分析，并对学者们关于“一带一路”倡议的重大意义，以及企业国际化经营的研究进行介绍和分析。

3）“一带一路”倡议对家族企业国际化的机理研究。对“一带一路”倡议的内容和重大意义、我国家族企业（民营企业）国际化的主要形式、“一带一路”背景下家族企业国际化的机理和“一带一路”背景下我国家族企业国际化的优劣势进行分析。

4）“一带一路”背景下我国家族企业国际化的机遇、挑战及风险分析。对“一带一路”背景下我国家族企业开展国际化经营的机遇、面临的挑战和风险进行分析。

5）“一带一路”背景下我国家族企业国际化的演进路径。基于国际化理论，从国际化深度和国际化广度两个维度分析可供我国家族企业选择的国际化路径。

6）“一带一路”背景下我国家族企业国际化的对策。分别从政府和家族企业两个层面提出家族企业开展国际化经营的对策。

3. 可能的创新

对我国家族企业在“一带一路”背景下的国际化路径进行分析，建议家族企业根据自身的具体情况选择相应的渐进式或跨越式的国际化路径。

第 11 章　理论回顾与文献综述

本章对国际化相关理论进行回顾，对国内外学者国际化相关研究进行介绍和分析，并对学者们关于“一带一路”倡议的重大意义，以及企业国际化经营的研究进行介绍和分析。

11.1　国际化理论回顾

1. 国外学者基于国际化的理论研究

（1）直接投资的国际化理论

对外直接投资的国际化理论，可分为发达国家对外直接投资理论和发展中国家对外直接投资理论。发达国家对外直接投资理论中具有代表性的理论有海默的垄断优势理论，弗农的产品生命周期理论，日本学者小岛清的比较优势投资理论，巴克利、卡森和拉格曼的内部化理论，邓宁的国际生产折中理论等。发展中国家对外直接投资理论主要有威尔斯的小规模技术理论，坎特维尔和托兰惕诺的技术创新与产业升级理论等。

1）发达国家对外直接投资理论综述。

① 垄断优势理论。垄断优势理论是由美国经济学家海默于 1960 年在其发表的《国内企业的国际化经营：对外直接投资的研究》一文中首次提出的。海默研究了 1914～1956 年美国跨国公司对外投资的资料，发现 1914 年以前美国跨国公司几乎没有对外证券投资，直到 20 世纪 20～30 年代才开始出现对外证券投资。第二次世界大战以后，虽然美国跨国公司对外投资迅速增加，但是其对外证券投资的发展却异常缓慢。海默得出“对外直接投资与对外证券投资有着不同行为表现”的结论，并用垄断优势加以解释。20 世纪 70 年代，海默的导师金德尔伯格对这一理论进行了补充和完善，从而形成了跨国公司理论的基础-垄断优势理论，因此该理论又被称作“海默-金德尔伯格传统”，替代了“赫克谢尔-俄林模型”，成为研究跨国公司对外直接投资的最早、最有影响的基础理论。

海默等人认为，要解释第二次世界大战以后的跨国公司对外直接投资，必须放弃国际资本流动传统理论中关于完全竞争的假定，而应从不完全竞争的角度进行研究。不完全竞争是指由技术垄断、商标、产品差别及规模经济引起的、偏离完全竞争的市场结构。一个企业或公司之所以对外直接投资，是因为它比东道国的同类企业具有垄断优势，在东道国生产能获得更多的利润。

② 产品生命周期理论。产品生命周期理论是根据产品生命周期不同阶段的特点来研究对外直接投资的整个过程的理论。该理论由美国哈佛大学教授弗农提出，并于 20 世纪 70 年代初进一步作出修正。

弗农认为，当企业在市场上推出新产品时，产品的生命周期就开始了，它先后经历了创新、成熟和标准化三个阶段，不同的产品阶段决定了企业不同的生产成本和生产区位选择。企业的对外直接投资，是企业在产品生命周期运动中由于生产条件和竞争条件的变化而作出的决策。跨国公司在外建立子公司通常发生在产品生命周期的第二阶段和第三阶段。按照该理论，到国外建立子公司的跨国公司一般拥有技术和产品的垄断优势，而这种垄断优势是东道国企业所不具备且无法从市场上获得的。因此，跨国公司对外投资建立子公司的目的就是维持并充分利用其垄断优势，以期在国外谋取利润最大化。

③ 比较优势理论。20 世纪 70 年代末，日本学者小岛清运用比较优势原理，将对外贸易与对外直接投资结合起来，以投资国和东道国的比较成本为基础，着重分析对外直接投资的贸易效果，提出了具有本国特色的对外直接投资的比较优势理论。该理论认为，对外直接投资应从本国（投资国）已经处于或即将陷于比较劣势的产业依次进行，而这些产业在东道国是具有比较优势或潜在比较优势的产业。由于贸易与投资之间是互补关系而非彼此替代关系，因此能更好地促进双方贸易的发展。日本在 20 世纪 60～80 年代对东亚地区的直接投资显示出此特性。虽然小岛清的理论较好地印证了日本对外直接投资发展初期阶段的特性，但是 20 世纪 80 年代，尤其是 90 年代以后，日本的对外直接投资并不符合小岛清的理论，因此有的学者认为小岛清的理论只是一个阶段性的理论。虽然小岛清的理论并不能完全解释对外直接投资现象，但是我们可以从另外一个角度理解和运用这一理论。处于对外直接投资发展初期阶段的国家，其对外直接投资大部分是从使用本国的成熟技术和利用发展中国家的低廉生产要素开始国际化经营的，因此该理论也可以用来指导对外直接投资发展初期阶段的国际化实践。我国现阶段的对外直接投资在较大程度上符合这一特征，即中国企业的跨国经营大部分集中于发展中国家，使用中国的成熟技术，利用东道国当地的低廉生产要素，满足东道国当地市场需求。

④ 内部化理论。英国雷丁大学教授巴克利、卡森和加拿大学者拉格曼共同提出了内部化理论。他们认为，由于市场信息的不完全性和中间产品（尤其是专有技术、专利、管理及销售技术等信息与知识产品）的价格难以确认，造成中间产品市场的交易成本过高。跨国公司只有将中间产品交易纳入公司内部经营管理活动中，以公司内部市场取代低效率的外部市场，才能维持垄断优势和减少交易成本，最大限度地提高公司利润。

⑤ 国际生产折中理论。英国著名的跨国公司问题专家、雷丁大学国际投资和国际企业教授约翰·邓宁基于垄断优势理论、内部化理论，并结合国际贸易理论

中的资源禀赋学说，提出了国际生产折中理论，试图全面探讨对外直接投资的动因、投资决策和投资方向三个主要问题。其理论主要解释了企业利用国外资源和国外市场的方式在不同的国家会有所不同的原因。他认为，跨国公司对外直接投资应具备所有权优势（垄断优势）、内部化优势和区位优势，这三个方面的优势决定了跨国公司对外直接投资的动因、投资决策和投资方向。如果说所有权优势和内部化优势是国际直接投资的必要条件，那么区位优势就是国际直接投资的充分条件，只有这三种优势同时存在，国际直接投资才会成功。该理论认为，所有权优势、区位优势和内部化优势的组合，不仅能够说明国际企业或跨国公司是否具有对外直接投资的优势，还可以帮助企业选择国际营销的途径和建立优势的方式。

2）发展中国家对外直接投资理论综述。

① 小规模技术理论。小规模技术理论是由美国学者威尔斯针对发展中国家的对外直接投资提出的。该理论注意到发展中投资母国对其国内跨国公司的特定优势的影响，认为发展中国家跨国公司的技术优势具有十分特殊的性质，是其投资母国市场环境的反映。在现代社会，不仅大规模生产中的现代化技术是企业的竞争优势，适合小规模生产的技术也同样可能在竞争中占有优势。其原因在于：发展中国家的制成品市场规模小，需求量有限，小规模市场中的发展中国家的企业技术具有劳动密集、成本较低、灵活性高等特点，与大企业相比反而具有相对优势。发展中国家的企业通常采取低价策略，不需要高昂的广告费用，以物美价廉为特色，是大型跨国公司无法比拟的。发展中国家的企业对外投资有很多是为了满足海外同一种族团体的需要，形成种族纽带性质的投资，独特的民族文化特色也是其竞争优势所在。根据这一理论，我国在服装、小商品及民族手工业等方面具有相对比较优势，可以开展跨国经营，尤其是我国的民营中小企业，不仅生产成本低、运作灵活，而且已经形成了相对的竞争优势，正是开展跨国经营的优势企业群体。

② 技术创新与产业升级理论。技术创新与产业升级理论是由坎特维尔和托兰惕诺提出的。他们在对发展中国家企业对外投资地理位置的先后顺序进行分析后，提出企业投资应按照周边国家到发展中国家最后向发达国家投资的渐进发展路径进行。新兴工业化国家随着科技的进步，生产领域开始从生产技术含量低的传统产品转向生产技术含量高的产品，在这个转变的过程中，技术革新会促进对外投资的不断发展，而企业在此过程中需要依靠自身的学习和组织能力，提高技术革新能力。因此，发展中国家的企业大规模投资远距离国家的前提是该企业具备丰富的国际化经营经验。

（2）基于直接发展阶段的国际化理论

北欧学派提出，企业的跨国经营应遵循两个原则：①企业应坚持从出口代理到直接投资的渐进式国际化道路。在对瑞典四家典型的制造业企业进行国际化研究后，以瑞典经济学家约翰逊和瓦伦等为代表的北欧学派提出了企业国际化四阶段理论，即乌普萨拉模型（Uppsala Model）。他们认为企业国际化经营是一个连续渐进的过程，包括四个阶段，即不规则的出口阶段、委托代理商出口阶段、建立海外销售子公司阶段和开展海外生产阶段，这四个阶段是企业在进行国际化经营中必须经历的动态的学习过程。②企业应遵循“心理距离”来选择投资区位。心理距离是指在企业和市场信息流动之间产生障碍或干扰的因素，包括语言、文化和经济发展阶段等方面的因素。因此企业国际化应首选文化特征和地理位置相近的市场，然后再转向地理位置更远和文化特征差异更大的市场。

后来，美国学者理查德·罗宾逊提出了企业国际化六阶段理论。该理论认为企业国际化需要经历从国内、出口、国际经营到多国、跨国经营和超国家六个阶段。日本学者小林规威（1998）在用了七年的时间深入调查了日本和美国的 100 多家跨国公司后，提出了跨国公司发展五阶段理论。该理论认为跨国公司发展经历了从以母国市场为主的经营阶段、当地、区域联系、全球经营到全球调配式经营五个阶段。

2. 国内学者基于国际化的理论研究

由于目前我国企业还处在国际化经营的初期阶段，因此国内学者对国际化相关理论的研究相对偏少。

鲁桐（2001）提出中国企业应当走渐进式的国际化发展道路并进行相应的对外直接投资。他通过对国内外企业跨国经营行为的研究，指出中国企业应加强与外国企业的合作，不断学习企业国际化经营的经验，强调企业在国际化发展的过程中应追求品牌的国际化而非产品的国际化。他提出的“企业国际化追赶模型”，在一定程度上为中国企业的国际化模式选择提供了很好的借鉴。

鲁桐和李朝阳（2002）从内向国际化和外向国际化两个维度来分析企业的国际化，并提出企业的外向国际化的发展是以其内向国际化为前提的，并且在一定程度上影响其内向国际化的深度和广度。

谢军（2007）在对国内上市工业制造企业的国际经营数据进行研究后发现，对国外市场和进入模式的选择产生积极影响的因素是国际企业经验，特别是决策团队的国际企业经验。选择资源投入较大的国外市场进入模式的往往是在规模和技术上具有比较优势的企业。

任晓（2008）在对浙江温州地区多家民营企业的国际化进行研究后提出，后进民营企业在国际化动因、扩张方式、战略方向、学习机制等方面与传统的企业国际化理论存在较大的差异。

杨丽丽和赵进（2009）研究了国际化程度与企业绩效之间的关系，发现两者之间分别呈现正向线性、负向线性、倒 U 形、U 形及水平 S 形曲线等多种关系形态，并且指出国际化程度对企业绩效的作用还取决于企业的能力与资源、国际化战略等情境因素。

章莹（2011）在《浙江民营企业“走出去”战略研究》一文中分析了浙江民营企业“走出去”战略的背景、产业优势、“走出去”的现状、自身的优劣势，以及政府层面等方面的主题，并给出了相应的建议。

张骁和钱海燕（2012）研究发现，若中小型民营企业对商业生态系统的依赖程度越强，则其越倾向于选择国际化战略以降低其依赖程度，强调企业创新技术能力水平的提升对企业国际化的重要性。

吴先明和胡翠平（2015）研究发现，我国企业对外直接投资动因明显表现在对自然资源、市场和效率的追求上，而对战略资产追求的动因表现不明显。

萧婉南（2016）研究了中国企业国际化演进路径及其对企业经验绩效的影响，研究结果发现，中小民营企业更适合采取跨越式的国际化演进路径开展国际化经营，市场知识的逐渐积累并不阻碍企业海外投资跨越战略的实施。

余官胜（2017）研究发现，虽然民营企业在对外直接投资中是东道国经济风险的偏好者，但却是其政治风险的规避者。由于不同的民营企业对东道国存在对外直接投资规模上的差异，因此其对东道国风险的态度和选择也有所不同。

11.2 企业国际化演进路径研究

在有关企业国际化演进路径的研究中，较为普遍的研究理论是企业国际化进程理论。该理论可分为渐进式国际化理论和跨越式国际化理论两类。

企业渐进式国际化理论是将企业国际化当作一个循序渐进的演变过程，先从国内市场出发再逐渐进入国际市场，这是传统的企业国际化成长理论，也是传统的企业国际化阶段所主张的观点。如同前面提到的乌普萨拉模型的四个阶段，每一个阶段都是为下一个阶段的渐进发展打基础，然后逐渐转向心理距离更远的陌生市场，其在一定程度上解释了中小企业的国际化行为。查尔沃·卡朱亚也指出新兴经济体的跨国公司应依照阶段化演进路径进行国际化经营。

在企业国际化发展过程中，有些企业并不依照渐进式的演进路径，而是跨过某些低级阶段直接在国际经营的高级阶段进行国际化发展，企业跨越式国际化演进路径就是指这种跨越不连续的发展过程。相关学者将与此相关的对外直接投资理论称为企业跨越式国际化理论。巴克利等人研究发现，企业通过在海外的新建分支公司或者并购使其不经历出口阶段就可以快速跨越到国际化经营的高级阶段，企业的国际化实践在一定程度上也支持了该事实的存在。企业进行海外生产和经营也可以通过采用从国内经营直接到海外新建的方式获得成功。

巴克马和弗斯恩研究发现，企业国际化的最佳方式并非总是采用渐进式国际化，快速地对外直接投资也可以获得相对更为丰富的国际化经验，因此市场知识的逐渐积累并不阻碍企业海外投资跨越战略的实施。许多学者提出可以按照国际环境的差异来改变企业国际化的投资次序，可以跨越某些阶段进行国际化经营。很多企业从成立初期就开始进行国际化经营，这类企业往往被称为国际创新企业。国际创新企业与传统的渐进式国际化企业在经营上存在较大的差别，其国际化进程往往在其刚刚成立时或者成立后不久就已经开始了。罗德里格斯等人指出，新兴经济体跨国企业在追赶传统跨国企业时常常采用非常规的演进模式。例如，以定牌生产（original equipment manufacturing，OEM）合作的方式与跨国公司建立生产或全球供应的战略联盟，采用内向国际化，通过阶段重叠、阶段重复、阶段压缩及阶段跨越等方式加速企业的国际化进程。

11.3　中国企业国际化演进路径研究

1. 中国企业国际化渐进式演进路径研究

林俐（2005）在对浙江温州地区民营企业进入国际市场的演进路径进行分析后指出，温州民营企业偏好以出口贸易的方式进入国际市场，并遵循“心理距离”选择由近到远的渐进式国际化市场战略。而这种渐进式国际化市场战略的实施取决于民营企业所具备的优势及其对国际市场认识的渐进性特征。

王宏新等（2007）通过研究发现，中国企业的国际化进程符合乌普萨拉模型，即中国企业是经过间接出口、直接出口、建立贸易分支和海外新建这四个阶段来进行国际化经营的。汪建成等（2008）在对格兰仕进行研究后提出，由 OEM 到原始设计制造商（original design manufacturer，ODM）再到代工厂经营自有品牌（original brand manufacturer，OBM）的新兴经济企业自主创新渐进式国际化演进路径。

王亚刚和张晓军（2010）提出，中国民营企业应首先通过国内市场的 OEM 项目或者与外资企业建立合作联盟来积累经验优势，再以出口等方式进而采取对外直接投资等国际化战略方式，开始其国际化进程。张燕、谢建国（2012）及戴翔（2013）等研究指出，我国企业国际化发展演进路径大体依照先出口后投资的顺序进行。

祁恋雅（2016）研究发现：①国际化程度对企业绩效存在显著正向影响。具体而言，国际化广度和国际化深度的提高对企业绩效具有显著的正向影响。②制度距离并没有显著负向调节国际化程度与企业绩效之间的关系。制度距离的增加并没有显著弱化国际化广度和国际化深度对企业绩效的正向影响。③与国有企业相比，民营企业的国际化程度的加深更能促进企业绩效的提升。具体而言，民营企业的国际化广度和国际化深度对企业绩效具有显著正向影响，国有企业的国际化广度和国际化深度对企业绩效不具有显著正向影响。

2. 中国企业国际化跨越式演进路径的研究

博纳利亚指出，新兴市场的跨国公司并没有依照传统跨国公司的阶段路径进行国际化发展，而是抓住了经济全球化的机遇，利用政府的支持弥补了自身实力的不足，加速其国际化进程。通过对中国和日本的两家家电公司的国际化演进路径进行比较分析后发现，新兴市场的跨国公司的发展表现出明显的加速国际化的特征。赵曙明（2010）研究发现，企业所处环境和资源禀赋的不同，尤其是制度环境的差异，都会对企业采用渐进式或跨越式的国际化路径产生较大的影响。对中国企业而言，应针对不同的国际环境，结合企业的战略目标和自身优势，尝试不同的国际化模式。

吕蕊（2013）通过对三个不同行业的三家典型代表企业进行研究后发现，中国民营企业国际化容易实施跳跃式进入模式，而这可能与中国特有的政策资源支持的大背景密切相关。邓新明等（2014）指出，有政治关联的民营企业在一定程度上已经具备采用更高阶段的海外市场进入模式的优势与条件，更适合通过提高国际化深度的方式进行国际化经营，即适合采用跨越式的国际化路径；而无政治关联的民营企业则适合采用渐进式的国际化路径。

侯雯等（2016）通过研究采用了天生国际化发展模式的二代浙商企业，得到结论：家族资源的利用明显地提升出口绩效满意度；二代浙商自身资源负向影响出口绩效的满意度；家族资源的利用可以促使企业使用品牌化策略；企业的双元性创新能力明显地提升家族资源、自身资源对出口绩效的满意度；二代浙商天生国际化企业在经营过程中，家族企业的各类资源均有可能成为企业机会，品牌化策略是其更优的选择。

11.4 企业国际化程度与企业绩效关系研究

1. 企业国际化程度的衡量

由于对企业国际化内涵的理解不同，对企业国际化程度的衡量方法也就不同。企业国际化程度主要有以下三种衡量方法。

（1）单维度单指标衡量方法

1）FSTS 法：企业国外销售额/总销售额。

2）ESR 法：企业出口销售额/总销售额。

3）FRTR 法：企业在本国以往实现的经营收入/总收入。

4）FATA 法：企业海外资产/总资产。

5）FETE 法：海外雇员/雇员总人数。

6）OSTS 法：海外子公司/全部子公司。

7）NOS 法：企业的海外子公司数量。

8）NCOS 法：海外子公司分布国数量。

9）赫芬德尔指数或熵值指标法：各地区销售额或子公司数。

（2）多维度复合指标衡量方法

1）苏里文提出的五个复合指标法：FSTS、FATA、OSTS、高管国际经验和国际化经营的心理离散度。

2）联合国贸易和发展会议提出的三指标复合法：FATA、FSTS 和 FETE。

3）戈麦斯等人提出的多指标复合法：FSTS、FATA、NCOS、OSTS 或 FETE。

（3）多维度多指标衡量方法

1）鲁桐提出的蛛网模型法：从跨国经营方式、财务管理、市场营销战略、组织结构、人事管理和跨国化指数六个指标来衡量。

2）格岑等人提出的资产国际化分散程度和涉及国家多样化法：资产国际化分散程度从 NCOS、资产分散度和海外分支机构数等方面衡量；涉及国家多样化从各国全球竞争力熵值、经济自由度熵值、政治约束熵值和文化相异性指数等方面来衡量。

2. 企业国际化程度与企业绩效的关系

（1）正向线性关系

企业国际化程度与企业绩效之间呈正相关，国际化能够为企业带来净收益。弗农、休斯和基姆对美国企业进行了实证研究，格兰特对英国大型制造业企业进行了实证研究。其研究结果均证实了这种正向线性关系。

（2）负向线性关系

企业国际化程度与企业绩效之间呈负相关，国际化会影响企业的投资收益。迈克尔和谢克德，格林斯对美国企业进行了实证研究，卡塔里谢和斯科迪斯奇对 15 个国家的 93 家保险公司进行了实证分析，以及丹尼斯等人对美国公司进行了实证研究。其研究分析结果表明，企业国际化程度与企业绩效之间呈负向线性关系。

（3）倒 U 形曲线关系

企业国际化程度与企业绩效之间呈倒 U 形曲线关系，国际化会给企业带来净收益，但是到达拐点后，管理成本开始急剧上升导致企业绩效下滑。丹尼斯、拉马斯瓦米和戈麦斯等人认为国际化程度与企业绩效之间并不是单纯的线性关系，而是倒 U 形曲线关系，企业绩效在某一国际化水平上会达到最大值，这一临界点被称为国际化拐点。在国际化扩张的初期阶段，增加的收益会超过成本；而在国际化扩张的其他阶段，成本又会超过收益。

（4）U 形曲线关系

企业国际化程度与企业绩效之间呈 U 形曲线关系。国际化与企业外部环境不匹配，并导致企业绩效下滑，迫使企业开发新的知识并调整战略和组织结构，以提高企业绩效。这一过程呈现周期性循环的特征。苏里文认为国际化与企业绩效之间的关系呈现一个或多个“收敛、下降、再定位、收敛”周期性循环的特征，即U形特征。希特等人认为，对于适度多元化的企业，国际化程度与企业绩效之间的关系呈现倒U形特征，但是对于非多元化的企业，国际化程度与企业绩效之间的关系呈现U形特征。瓦格纳等人对德国大型制造业企业的实证研究，均得出相同的结论：国际化程度与企业绩效之间的关系呈U形特征。

（5）水平S形曲线关系

企业国际化程度与企业绩效之间呈水平S形曲线关系。有学者提出国际化扩张三阶段模型，认为国际化程度与企业绩效之间呈现水平S形曲线关系，即企业绩效随着国际化程度的提高首先下降，然后上升，最终再下降。随后学者们对日本企业、中国台湾上市公司、美国企业和瑞士企业进行实证研究。其研究结果均证实了这种水平S形曲线关系的存在。

11.5　“一带一路”倡议的基础及对国际化影响的研究

1.“一带一路”倡议的基础研究

（1）国外学者的研究

印度学者查特维迪详细研究了中国“一带一路”倡议给周边国家带来的机会，同时也研究了相关周边国家对中国“一带一路”倡议的反应，包括积极的响应、对抗及相对消极的反应。印度另一学者威杰·撒克尔也指出印度对习近平主席提出的中国“一带一路”倡议喜忧参半：既希望能从中受益，又担忧该倡议会使中国进一步崛起而对印度造成巨大的冲击和压力，并指出中国进入印度市场并非易事。因此，在“一带一路”背景下我国企业能否顺利地进入沿线国家成为学者们十分关注的研究课题。

（2）国内学者的研究

空间和地缘政治角度的研究。“一带一路”倡议本身也是从地理角度提出的。张军（2014）在《我国西南地区在“一带一路”开放战略中的优势及定位》一文中建议：将重庆、西藏、四川、贵州和云南五省市联合起来，构建“丝绸之路经济带”的重要区域。杨保军（2015）在《“一带一路”战略空间响应》一文中提出：海陆相互联动，从海陆分割到海陆统筹，从中心聚集到门户引领。刘国斌（2015）提出了关于打造东北亚桥头堡的思路：以满洲里为中心，打造内陆聚集协作圈桥头堡；打造以丹东为中心的环渤海桥头堡；以珲春为中心，面向朝鲜和俄罗斯，打造环日本海经济圈桥头堡。

（3）金融角度的研究

张灼华（2015）提出：香港要主动适应，放眼于“一带一路”沿线的巨大市场，利用香港在制度、市场、人才特别是金融服务与国际接轨的优势，扬长避短，力争成为“一带一路”中的持续亮点。

何茂春等（2015）在《“一带一路”面临的障碍与对策》一文中指出，在“一带一路”实施过程中会面临沿线国家的疑惑、大国暗中掣肘及内部步调不统一等问题。

凌兰兰等（2017）认为，“一带一路”未来的发展方向应是建立全球性的组织协调机构与机制，协调推进“一带”与“一路”共同发展，不仅要以事实和成就打破他国对“一带一路”的疑虑，更重要的是实现“一带一路”与“互联网+”战略的互联互通。

张祥建等（2017）指出，“一带一路”正在打造全球交流动脉，对催生世界新变局将会产生极其深远的影响。从中国和平崛起、沿线国家共同利益和美国遏制等战略性视角分析了“一带一路”的驱动力，强调战略的根基在于基础设施互通、货币体系统一和文化认同，并且提出“一带一路”布局的重心在于重构全球治理体系、建设跨国经济走廊、营造多边合作格局。

凌丹等（2017）研究发现，中国作为“一带一路”概念的重要倡议者，需要高度重视政治关系在引导、支持和保障企业跨国投资过程中的重要作用。

2. “一带一路”背景下我国企业国际化的研究

研究主要集中于对“一带一路”沿线国家和地区的对外直接投资方面，其中具有代表性的研究如下。

梁星韵（2015）和张敏等（2015）基于中国企业在“一带一路”沿线国家和地区的投资现状，分析企业在“一带一路”背景下面临的机遇与挑战，同时站在企业的角度提出对外投资的建议。苏杭（2015）介绍了制造业的转移现状，提出在“一带一路”背景下应参照美日产业转移模式的经验，并提出了相关建议。

林春回和王国平（2016）以福建省民营企业为例，探讨了我国民营经济在“一带一路”中如何“走出去”的相关问题。徐志炎（2016）对浙江民营企业在“一带一路”背景下如何开展国际化进行了较为详细的研究。姚战琪（2016）的研究结果表明，“一带一路”沿线东道国稳定的政治环境和较高的政府效率、沿线各国劳动力丰裕程度与我国对外直接投资效率之间呈显著正相关，而“一带一路”沿线东道国的法律监管力度和腐败、东道国通信基础设施发达程度与我国对外直接投资效率之间显著负相关。

国家发展和改革委员会经济体制与管理研究所课题组（2017）对“一带一路”背景下东北地区民营经济发展的相关问题进行了研究。

崔娜等（2017）以 2006～2014 年中国对“一带一路”沿线 57 个国家的投资

经验为样本，利用随机前沿模型，考察了中国的外商直接投资（FDI）的投资效率水平，以及东道国制度对投资效率和投资风险的影响。研究发现：中国对部分国家的 FDI 投资效率较低，投资效率提升的空间较大，但是对市场规模较大及经济发展水平较低国家的投资效率较高；东道国产权制度保障有效、政治稳定及区域贸易协定的签订有利于提升中国对外直接投资效率，同时也有利于降低投资风险。

总之，由于“一带一路”倡议提出的时间不长，相关的研究主要集中在 2015～2017 年。相关民营企业、上市家族企业在“一带一路”背景下的研究文献较少。

第 12 章　“一带一路”倡议对家族企业国际化的机理研究

本章对“一带一路”倡议的重大意义、我国家族企业（民营企业）国际化的主要形式、“一带一路”背景下家族企业国际化的机理和“一带一路”背景下我国家族企业国际化的优劣势进行分析。

12.1　“一带一路”倡议的重大意义

“一带一路”倡议对推进我国新一轮对外开放和沿线国家共同发展意义重大。当前，经济全球化深入发展，区域经济一体化加快推进，全球增长和贸易、投资格局正在酝酿深刻调整，亚欧国家处于经济转型升级的关键阶段，需要进一步激发域内发展活力与合作潜力。“一带一路”倡议构想的提出，契合沿线国家的共同需求，为沿线国家优势互补、开放发展开启了新的机遇之窗。

“一带一路”沿线国家普遍处于经济发展的上升期，开展互利合作的前景广阔。深挖我国与“一带一路”沿线国家的合作潜力，必将提升新兴经济体和发展中国家在我国对外开放格局中的地位，促进我国中西部地区和沿边地区对外开放，推动东部沿海地区开放型经济率先转型升级，进而形成海陆统筹、东西互济、面向全球的开放新格局。

12.2　我国家族企业（民营企业）国际化的现状

由于搜寻家族企业单独的数据较为困难，且民营企业中约 85.4%是家族企业，因此这里用民营企业代替家族企业来进行分析。

从中华全国工业商业联合会 2016 年最新公告的 2015 年民营企业 500 强来看：2015 年，民营企业入围世界 500 强的有 12 家，比 2014 年增加 5 家。民营企业入围世界 500 强的门槛突破百亿元大关，达到 101.75 亿元，比 2014 年的 95.09 亿元净增加 6.66 亿元。自中央提出“一带一路”倡议以来，民营企业积极响应并抓住机遇，在 2015 年民营企业 500 强中，参与到“一带一路”建设的民营企业已经达到 183 家，比 2014 年增加 118 家，增加幅度约为 2 倍。

与此同时，民营企业的总营业收入、资产总额、税后利润总额、纳税总额和海外收入总额也有了增长。2015 年民营企业 500 强数据见表 12.1。

表 12.1　2015 年民营企业 500 强数据

类别	总营业收入	资产总额	税后利润总额	纳税总额	海外收入总额
2015	16.15 万亿元	17.3 万亿元	6976 亿元	6420.58 亿元	1641.54 亿美元
户均	323 亿元	346 亿元	13.9 亿元	12.84 亿元	3.2 亿美元
比上年增长率	10.06%	25.16%	17.67%	12.10%	35.20%

资料来源：徐志炎，2016. “一带一路”战略下浙江民营企业国际化研究[D]. 杭州：浙江大学.

民营企业国际化的主要形式有三大类。

1. 进出口贸易

传统的进出口商品贸易一直是民营企业国际化过程中的十分重要的组成部分，其比例逐年增大。一般而言，民营企业“走出去”常常采取的是商品出口贸易的方式，这种方式具有成本低、风险相对较小的特点。

2. 新建企业

新建企业主要是指对外设厂、办事处和分支机构等。到海外新建企业，可以保护民营企业包括技术等在内的各方面的优势，其缺点是需要投入大量的资金。因此海外新建企业以制造业为主，并且该制造企业的实力相对较强，同时投资风险也相对较大。2015 年以前，我国民营企业在“一带一路”沿线国家和地区的投资主要集中在采矿业、交通运输业和制造业；2015 年以后，虽然我国民营企业对传统产业的投资仍然占据主导地位，但是对信息技术、基础设施建设和金融等行业的投资明显上升。2015 年以前，单宗投资规模以 1 亿～10 亿美元为主；2015 年以后，100 亿美元以上的大规模投资案例数增多，达到 14 宗。这一系列的变化表明，随着“一带一路”建设的全面推进，投资环境和投资领域都在优化升级。

3. 海外并购

海外并购是近几年来民营企业国际化比较流行的做法。随着经济全球化的深入发展和区域经济一体化程度的加快推进，民营企业的全球化发展意识加强，主动走出国门配置资源和拓展市场。中国企业海外并购主要是为了获得资源、技术、品牌和市场渠道。从海外投资主体来看，2015 年我国民营企业“走出去”踌躇满志，海外并购十分活跃，并购案例达到 397 宗，占当年总投资案例数的 53%；已经披露的并购总金额达到 3963.19 亿美元，同比增长 280%，占总投资金额的 66%。2016 年上半年，民营企业海外并购 290 宗，已经披露的并购金额为 1094.2 亿美元，分别占比为 64%和 36%。因此，我国民营企业海外投资并购，与当地需求形成资源互补，在有利于企业自身发展的同时，促进当地的经济发展，形成互利共赢的发展形势。

12.3 “一带一路”背景下家族企业国际化的机理

“一带一路”沿线国家和地区的产业结构、资源禀赋、经济实力等许多方面存在着较大的差异，因此相互合作的空间巨大。“一带一路”倡议在以下四个方面对家族企业国际化产生相应的作用。

1. 贸易

贸易合作是重点内容。各国政府应当大力推进贸易的快捷便利，降低或取消贸易壁垒，减少贸易摩擦。积极推进沿线国家和地区共建自由贸易区，促进信息互认、监管互认的通力合作。通过改善边境口岸条件以降低成本，加快速度，提高贸易快捷化的水平。所有这些会为家族企业创造更好的贸易环境，提高效率，减少交易环节和交易成本。此外，创新贸易方式，如大力发展跨境电商等也会为家族企业的国际化经营增加贸易机会。

2. 投资

政府大力加快投资便利化的进程，与沿线国家和地区拓展投资领域，推进海外配套产业园区的发展。对家族企业而言，沿线国家和地区的国家工业园区的建立，会为家族企业的海外投资提供巨大的平台。例如，泰国的府罗加纳工业园区、白俄罗斯的中百工业区等。

3. 资金融通

金融合作是“一带一路”倡议的强大支持力量。一直以来，“融资难”是家族企业国际化面临的最大问题之一。以民营企业 500 强为例，其中有 255 家民营企业遭遇过“融资难”的问题，占比约为 51%，家族企业尤其是规模相对较小的家族企业的融资难度可想而知。政府加速推进亚洲基础设施投资银行（简称亚投行）等机构的建设，深化亚洲太平洋经济合作组织、中国—东盟银联体等合作，以银行授信的方式开展双边或多边的金融合作，同时引导社会基金参与到“一带一路”关键项目的投资和建设中。总之，随着这些做法的逐渐落实，家族企业的融资渠道会逐步增加，有利于家族企业的国际化进程。

4. 人文交流

人文交流促进民心相通，是沿线国家和地区人民友好交往的基础。开展学术交流、人才交流、志愿者服务、文化交流等，促进与沿线国家和地区的友好合作，减少合作壁垒。通过人文交流，能够减少我国与沿线国家和地区因为文化差异而产生的误解。例如，吉利在收购沃尔沃之后，就意识到文化差异对企业国际化的影响，因此专门成立了交流中心，以便减少因为文化差异而给企业国际化经营带来的不利影响。

12.4 “一带一路”背景下我国家族企业国际化的优劣势

1. 我国家族企业国际化的优势

（1）受政治因素影响小

家族企业与国有企业不同，因为家族企业规模相对较小，因此较少受到东道国的过多干预和限制，在对外投资过程中容易被目标投资国接受，在开拓海外市场时的发展空间较大。而国有企业尤其是国有大型企业在某种程度上代表了国家的形象，因此在海外投资时容易受到东道国政治制度、经济制度等因素的限制，容易受到东道国的干预，给其开拓海外市场带来了一定的障碍。

（2）国家政策的大力支持

自 2000 年以来，国家开始实施“走出去”战略，大力鼓励中国企业走出国门开展境外投资活动。党中央、国务院高度重视实施“走出去”战略，陆续出台了一系列支持鼓励政策和便利化措施，有效地促进了“走出去”各项业务的发展。同时，全国各地都在积极推动实施“走出去”战略，不少地方结合当地实际，出台了促进本地实施“走出去”战略的政策措施，并取得了一定成果。2016 年 6 月，工业和信息化部发布《促进中小企业发展规划（2016—2020 年）》，鼓励民营企业积极拓展海外市场。一方面，在“走出去”的中小企业中，具备先进技术、管理经验、自主品牌和自主知识产权的企业不断增多；另一方面，相关国家政府放宽了外资投资准入限制，便于中国民营企业“走出去”。因此，国家政策的大力支持有利于我国家族企业的境外投资和国际化发展。

（3）技术创新

一些有国际化眼光的家族企业已经或开始在海外设立研发中心，引进优秀的技术人员，加快创新，不断开发创新产品，缩短与世界发达国家的技术水平的差距。因此，家族企业所掌握的核心技术越多，越能加速国际化进程。

（4）市场经验比较丰富，具有开展跨国经营的能力和需要

我国家族企业经过几十年的磨炼，初步积累了开展跨国生产与跨国经营的经验。此外，与国有企业相比，家族企业的规模相对较小，在面对变化多端的国际市场时，家族企业往往更加灵活，能够适时调整经营策略，抢占市场先机。一部分家族企业建立了现代企业制度，拥有懂经营、会管理、熟悉国际惯例的人才。有的家族企业已经发展成为拥有著名品牌和自主知识产权、主业突出、核心竞争力强的大公司或企业集团。为了在更大的空间内加快发展，我国家族企业“走出去”的愿望日益强烈。国内一些具有较强实力的企业集团已经开始在全球范围内

进行资源的优化配置，开展专业化、集约化、规模化的跨国生产和跨国经营，逐步向跨国公司的方向发展。

2. 我国家族企业国际化的劣势

（1）缺乏国际化战略眼光，战略意识较差

我国家族企业总体战略方向还不够明确，比较缺乏全球性的战略眼光和长远业务布局能力，因此其海外发展的持续性较差。虽然很多家族企业也有自己的战略，但是很多停留在喊口号阶段，没有真正落实到企业的经营管理中。因此，战略的缺乏或者战略的未落实，使得许多家族企业在发展过程中非常被动地适应国际市场或国内市场的变化，以至于部分家族企业在竞争的过程中被淘汰。

（2）缺乏品牌意识，自主创新能力不足

目前，我国家族企业出口的许多产品还处在只能在低端市场上销售的境况，虽然在收入、性能、价格上具有比较优势，但是科技含量不高，品牌潜质不强，国际市场竞争力严重不足。家族企业的自主出口品牌还处在起步阶段，与国际主流市场品牌相比差距很大，国际市场认可度不高。此外，在进入国际市场的前期，家族企业的知识产权保护意识不够，对专利、商标注册不重视，常常出现自己企业的专利、商标被外国企业抢注的现象。本来一些属于我国家族企业的专利、商标，因为未注册而无法使用。同时，我国家族企业在技术研发和自主创新方面也比较薄弱，大多忽视自主研发，单纯模仿和引进国外技术，在全球价值链上位于加工装备的低附加值环节，一些家族企业甚至沦为组装工厂，出现技术空心化，只能跟随发达国家的企业亦步亦趋。

（3）专业化分工协作性较差

我国家族企业之间专业化分工的协作性普遍较差。有的企业虽然构建了较为完善的产业配套分工体系，但是许多中间产品和零部件需要从国外购入，难以在本国得到相应的配套支持。同时，家族企业本地产业链融合度较低，产业的细分程度有限，没有形成相互之间明确的专业分工和协作关系。另外，产业链上下游衔接不紧密，产业配套能力弱，不能带动相关产业形成联动效应。

（4）海外投资风险防控机制建设较为滞后

我国大部分家族企业还处于国际化发展的初期阶段，其风险管理水平严重滞后于其国际化发展进程，因而使得家族企业往往面临较大的投资风险。在国际化经营过程中，家族企业往往因为未能对东道国政治、法律、劳工等可能存在的风险进行慎重的分析和评估，或者因为前期调研不够，导致企业对外经济合作的不确定性增加，从而为后期的投资经营活动埋下隐患，给家族企业的国际化经营带来很大的障碍。与此同时，相关的保障机制，如境外合法权利、资产收益尚未完善，使得家族企业在国际化经营中常常遭遇东道国的政策歧视，这在税收政策和市场准入方面表现得特别明显。

通过上述分析，可以得出如下结论。

1）“一带一路”倡议重大意义：它对推进我国新一轮对外开放和沿线国家共同发展意义重大。“一带一路”倡议的提出，契合沿线国家的共同需求，为沿线国家优势互补、开放发展开启了新的机遇之窗。

2）我国家族企业（民营企业）国际化的主要形式有三大类，即进出口贸易、新建企业和海外并购。

3）“一带一路”背景下家族企业国际化的机理包括贸易、投资、资金融通和人文交流四个方面。

4）“一带一路”背景下我国家族企业国际化的优势：①受政治因素影响小。②国家政策的大力支持。③技术创新。④市场经验比较丰富，具有开展跨国经营的能力和需要。

我国家族企业国际化的劣势：①缺乏国际化战略眼光，战略意识较差。②缺乏品牌意识，自主创新能力不足。③专业化分工协作性较差。④海外投资风险防控机制建设较为滞后。

第13章 “一带一路”背景下我国家族企业国际化的机遇、挑战及风险分析

“一带一路”倡议为我国家族企业的国际化经营提供了千载难逢的机会，同时我国家族企业也面临着许多风险和挑战，这需要我国家族企业认清形势，抓住机遇，迎接挑战，防范和规避国际化经营中的各种风险。

13.1 我国家族企业国际化的机遇

“一带一路”倡议的提出，将我国家族企业（民营企业）国际化融入国家经济发展战略的层面，并为我国家族企业“走出去”指明了方向，提供了难得的发展机遇。

1. 国家高层领导的重视和推进

国家领导人高度重视“一带一路”倡议，积极向全世界阐述该倡议的内容和重大意义，积极推进该倡议的建设，推动中国与沿线国家和地区项目的签订。

2. 沿线国家和地区政策修订的协同

在我国推进“一带一路”建设的同时，部分沿线国家和地区也在吸引外资方面加快改革步伐。其中，马来西亚提供资金与相关优惠政策予以支持，同时还宣布未来将深化与中国在电信产业及基础设施建设方面的合作，并针对海洋议题采取开放政策，如与中国分享马来西亚在海洋渔业上的优势，全力支持“海上丝绸之路”沿线国家组织港口联盟，允许中方投资马来西亚港口，在港口附设自由贸易区及产业园区等，以扩大马来西亚港口的整体经济规模。泰国除了兴建边境经济特区之外，还提供土地取得、租税等优惠措施，如开放外资完全持股、工作证延长、视产业给予进口零关税与3～8年的企业所得税免缴优惠等；并且设置一站式服务中心（one start one stop investment center，OSOS），向外资企业提供咨询服务并协助办理相关流程。

3. 政府部门之间的配合

“一带一路”倡议提出之后，我国各级政府部门也纷纷出台地方政策以响应该倡议，支持我国企业“走出去”进行国际化经营。例如，中华人民共和国商务部

提出在六个方面做好“一带一路”倡议的推进工作。

1）依托双边经贸联委会、混委会等合作机制，发挥驻外经商机构的作用，加强与沿线国家的沟通与协调，深化务实合作，共同推动实施一批重大合作项目。

2）促进与沿线国家的贸易往来，推动扩大相互市场开放，提高贸易便利化水平，挖掘贸易新增长点。发挥好中国—东盟博览会、中国—南亚博览会、中国—亚欧博览会、中国—阿拉伯博览会等展会平台，积极开展经贸促进活动。

3）拓展与沿线国家双向投资，引导和推动企业到沿线国家投资兴业和本土化生产，实现互利共赢。

4）发挥境外经贸合作园区、边境和跨境经济合作区的载体作用，推动制造业企业和配套服务业企业“走出去”并形成产业聚集，促进共同发展。

5）深化区域和次区域合作，推进区域全面经济伙伴关系协定、中国—东盟自贸区升级、中国—斯里兰卡自贸区、中国—海合会自贸区等谈判。

6）为沿线发展中国家提供力所能及的援助。

4. 对外资金的保障

当前，“一带一路”项目的资金源头有亚洲基础设施投资银行、金砖国家新开发银行、亚洲开发银行等多家由不同国家共同出资建设的多边金融机构。此外，各国主权财富基金、跨国机构投资者也可参与“一带一路”项目投资。尽管“一带一路”沿线国家的发展水平高低有别，但是均有本国的储蓄、信贷，也有债券、股票等直接融资市场，因此本国的金融资源理应成为本国基础设施建设的资金来源。

13.2　我国家族企业国际化的挑战

虽然“一带一路”倡议给我国家族企业的国际化经营带来了前所未有的机遇，但是家族企业在国际化经营的过程中也将面临着一系列的困难和许多不确定因素。因此，只有认真分析并应对这些困难和挑战，家族企业才能在国际化经营的道路上越走越顺畅。目前，我国家族企业面临的主要挑战如下。

1. 国际投资保护主义抬头

随着“一带一路”倡议的深入推进，在我国与沿线国家的贸易合作日益紧密的同时，贸易保护也时时存在，技术性贸易壁垒（technical barriers to trade，TBT）通报量在不断攀升。根据统计，2016 年和 2017 年第一季度，在“一带一路”沿线的 65 个国家中，分别有 30 个国家和 22 个国家提交了 675 件和 222 件 TBT 通报，分别占通报总数的 34%和 38%。通报主要来自沙特阿拉伯、以色列、阿联酋等中东国家，以及波兰、罗马尼亚等 11 个东欧国家。2016 年以来，部分“一带一路”沿线国家出台了关于产品进出口及通关方面的新政策，以限制国外产品进入本国市场。这些 TBT 新规的频出，对我国出口企业影响较大。此外，来自波兰、罗马尼亚、斯洛伐克、匈牙利等 11 个东欧国家的 TBT 新规也给我国企业出口带来严重影响。2017 年第一季度，欧盟非食品快速预警系统对产自中国的非食品类消费品发布召回信息共计 220 例，11 个东欧国家对我国产品召回 63 例，占比近 30%。其中，斯洛伐克和匈牙利分别是对我国玩具和服装纺织产品召回的主要国家。纵观 2013 年至 2016 年欧盟非食品快速预警系统的召回情况，以匈牙利、保加利亚、捷克为主要召回国的东欧 11 国，其召回通报总数平均每年 500 余例，平均占比为 39.8%。其中，2014 年匈牙利是对我国产品发布召回通报最多的国家，召回产品主要为服装纺织、照明产品和电器设备。

2. 国际化管理体系不完善

国际化管理体系不完善主要表现在两个方面：①缺乏统一的对外投资并购法规。目前各类规范企业国际化的文件是由国家发改委等多个部门颁发的，尚没有一部完整的规范家族企业和民营企业国际化的正式法律规范，因此容易发生监管漏洞或者重复监管或者相互之间政策不协调等方面的问题。②在现行的外汇管理制度下，家族企业国际化经营所需使用的资金均需要外汇管理部门的批准，暂时无法做到货币自由流通。由于资本转移限制还比较多，因此家族企业相关的经营活动会受到一定程度的阻碍。

3. 金融服务体系不够健全、融资渠道不够畅通

家族企业国际化经营往往需要大量资金，仅仅依靠企业自身的力量是远远不够的，因此需要转向发达的金融机构和金融体系寻求帮助。但是在当前情况下，我国的金融制度不完善、金融服务体系不健全，对我国家族企业而言，还是存在着融资难和资金渠道较为短缺的问题，这在一定程度上制约了家族企业国际化的发展。尚未建立完善的家族企业信用评价体系和家族企业信用担保体系，因此银行对家族企业的贷款资格要求较高，贷款手续较为复杂，难以满足家族企业对外合作的即时融资需求。家族企业缺乏融资担保机构，金融机构提供的担保产品较为单一，使得家族企业的融资渠道较少。缺乏专业机构介入质押货物托管并承担保底收购，导致金融机构在货物评估、处置等方面效率低下，并且风险不易控制。

4. 国际化经营中存在准入障碍

我国家族企业要想真正具备在国际化经营中的竞争优势，就必须解决因其自身层面所导致的问题。目前，我国家族企业的管理水平和经营能力很难达到国际资本市场的准入条件，尤其是家族企业的会计管理及审计制度与外资企业之间存在着较大的差距。同时家族企业在管理中缺乏量化标准，执行力不够，人性化管

理偏多。在公司治理结构层面，我国的许多家族企业是家族化管理，没有真正形成现代法人企业制度。我国家族企业普遍缺乏专业外经贸人才和国际营销经验，难以形成广泛的国际营销网络，因而导致跨国投资失败率较高。

13.3　我国家族企业国际化的风险

从投资区域上看，不同区域的投资所面临的风险类型、风险程度也有所不同。

1. 东亚投资风险：政府监管、工会组织、较高的投资成本

东亚的韩国、日本是中国家族企业“走出去”的首选投资东道国。作为与中国长期合作的邻邦，两国的投资环境总体较好，经济环境和政治环境较为稳定，法律体系也较为完善，并且产业发展水平高、基础设施便利、科技创新能力强；另外与中国还有完善的双边协定、司法协助条约等，中韩自由贸易区的设立也为中国投资者提供了贸易和税收的多项便利（中日韩自贸区尚在谈判中）。因此，中国投资者在此区域的合作多侧重于科技、医疗健康、货物服务贸易和物流零售等。

从投资风险上看，韩国对外国投资的准入采用负面清单的形式，将涉及公共性的 60 多个行业设为禁止外商投资行业，如邮政、央行、金融市场管理业等；将农业、畜牧业、渔业、出版发行、运输、输电和配电、广播通信等设置为限制外国投资的领域，并设置股权限制。此外，对在韩发包的工程项目，外国承包商还须在韩国登记注册并经相关部门确定企业资质后，才可承包对应的工程项目。日本则对可能威胁国家安全及未实行完全自由化的行业予以限制和进行外资管制。在建筑工程及企业并购领域，日本也设置了较多限制。建议我国家族企业在进行投资项目分析时予以重视。同时，韩国、日本在环境保护、劳动者权益保护、知识产权保护、反不正当竞争等方面设立了较为完善的规范，并且在一定情况下可能引发刑事追责，两国的工会力量也较为强大，我国家族企业在投资时应当对此充分了解。

另外，投资日本还面临经济成本问题，日本企业所得税高，劳动力成本高，土地及办公场所费用也都比较高，这在一定程度上增加了我国家族企业对日投资的经济风险。

2. 东南亚、南亚投资风险：政治风险、经济风险、法律风险

东南亚和南亚是我国家族企业传统的境外投资区域，双边或多边合作机制十分完善。例如，中国—东盟“10+1”（东盟 10 国分别与中国、日本、韩国 3 国，即 3 个“10+1”）合作机制，东盟与中国、日本、韩国“10+3”（东盟 10 国和中国、日本、韩国 3 国）合作机制，东盟与中国、日本、韩国、印度、澳大利亚、新西兰“10+6”合作机制，中国—东盟自由贸易区及双边贸易协定（包括《全面

经济合作框架协议》《货物贸易协议》《服务贸易协议》《投资协议》《争端解决机制协议》等），大湄公河次区域经济合作，与区域内国家签署的双边投资保护协定和贸易保护协定等。

从合作领域及战略地位上看，东南亚、南亚国家的自然资源较为丰富（新加坡除外），包括油气、农林、矿产、渔业等。位于马来半岛和苏门答腊半岛之间的马六甲海峡则是重要的海上交通咽喉。与此同时，东南亚、南亚的许多国家基础设施较为薄弱。上述区域特点决定了我国家族企业在东南亚、南亚的投资主要集中于能源矿产开发、基础设施建设、加工制造、电信、机械设备等行业，并且随着区域一体化的推进，对当地银行业、高科技产业的投资也将不断增多。

总体而言，我国家族企业在东南亚、南亚区域投资面临的风险如下。

1）政治风险。由于历史原因，东南亚曾经发生过排华事件，同时东南亚、南亚地区的宗教、文化构成较为复杂，因此了解和融入当地文化十分重要。

2）经济风险。例如，印度对外国投资没有专门的优惠政策，工业配套不充分，导致商务投资成本较高。

3）法律风险。以东盟为例，随着区域一体化的推进，东盟十国正在推进统一的标准、技术法规和合格评估程序，如电器行业已有至少 58 个统一标准。

因此，我国家族企业在投资该区域时需要考虑以下四点：①国内标准与东道国标准的衔接问题。②东盟对外资的进入设有准入限制。③在适用自贸区优惠税率时，东盟还有 40%区域价值成分（regional value content，RVC）的原产地规则。④这些区域的公司注册和执照申请程序较为复杂、时间长，法律及税收体系也较为复杂，需要提前做好充分准备。

3. 中亚、中东投资风险：政治风险、经济风险、法律风险

中亚、中东区域资源较为丰富，但是整体政治局势动荡，宗教冲突及恐怖主义问题突显，政府效率低，市场透明度差，地方保护主义色彩较重，法律体系与中国差异较大，并且面临较严重的通货膨胀问题，基础配套设施也相对较差。有些政府会通过具体规章制度对本国企业和国民给予更多保护，国内仲裁机构也可能偏袒本国企业和国民。因此，选择好的当地代理商和分销商就成为我国家族企业在当地投资成功的关键因素。

4. 西欧、北美投资风险：政府监管、法律风险

西欧、北美的市场高度成熟，法律健全，是中国家族企业“走出去”的首选国家或地区。与此同时，西欧、北美的市场也面临着劳动力成本高、竞争激烈等问题。在跨国并购上，美国外国投资委员会（Committee on Foreign Investment in the United States，CFIUS）的国家安全审查、相关部门的反垄断审查，以及后续经营中的环保审查、反商业贿赂审查是中国家族企业面临的主要投资风险。此外，资

源整合、知识产权保护、劳工保护等也是众多投资者在该区域遇到的共性问题。调研数据显示，北美地区的争议解决花费较高。

5. 南美投资风险：政治风险、经济风险、法律风险

南美洲拥有丰富的资源及广阔的市场，但是对外商投资缺乏清晰的法律保护且法律繁杂多变，税收种类多，税率高，基础设施薄弱，生产成本高，政府效率低，利率高，通货膨胀压力大，汇率风险高。例如，巴西规定了较高的劳工保护标准。调研数据显示，南美地区的争议解决花费较高。

6. 大洋洲投资风险：政府监管、法律风险

我国家族企业在大洋洲的主要投资地为澳大利亚。澳大利亚的法律健全成熟，对商业贿赂设置了严厉的处罚条款，劳工政策也十分完备、用工成本很高、劳动力流动率高。同时，澳大利亚对能源和矿产资源项目开发中的环境保护要求较高。近年来，澳大利亚加强了外资审核，外国政府及其代表（包括国有企业）对澳大利亚进行投资无论金额大小或者拟持有股份的比例为多少，均需接受澳大利亚政府的审核，并且部分项目的审核时间较长，有时还会提出附加条件，增加了对外投资的不确定性。此外，调研数据还显示，在澳大利亚，文化冲突对后期资源整合阶段的影响十分显著，争议解决花费较高，应当引起我国家族企业的重视。

7. 非洲投资风险：政治风险、经济风险、法律风险

非洲整体经济落后、消费水平低、基础设施落后、缺乏工业配套设施、社会治安整体较差，行政腐败严重且行政效率低，税费负担不透明，劳动力素质低，资金汇转及金融服务体系不健全，增加了我国家族企业的投资风险。

第 14 章　“一带一路”背景下我国家族企业国际化的演进路径

本章基于国际化理论，从国际化深度和国际化广度两个维度来分析我国家族企业国际化的演进路径。

14.1　我国家族企业国际化演进路径的构成因素

对于国际化的内涵，至今学术界尚未形成统一的定义。经济学派认为，国际化就是对外直接投资，是指企业对外发生经济联系的某些阶段，不包括出口。弗农等人认为，国际化是指企业会随着产品生命周期的演变而逐渐增加其国际化程度。理查德·罗宾逊认为，国际化的过程就是在产品及生产要素流动性逐渐增大的过程中，企业对市场国际化不是对某一特定国家的市场所作出的反应，而是企业有意识地追逐国际市场的行为体现。斯蒂芬·杨认为，企业国际化是指企业进行跨国经营所有的活动和形式，如产品出口、对外直接投资（foreign direct investment，FDI）、技术转让、管理合同、交钥匙工程、国际分包生产、特许经营等，是企业积极参与国际分工，由国内企业发展为跨国企业的过程。邓宁认为，可以从企业拥有或控制海外子公司的数量和规模、海外分支机构的总资产、海外员工数占比等六个方面来衡量国际化程度。苏里文运用绩效指标、结构指标及态度指标等三个指标来衡量国际化程度。希特等人认为，国际化是企业运用内部资源和能力，通过克服存在于世界各国或地区市场的不完全性来谋取利益，跨越国界进入不同市场或区域的扩张行为。因此，任何通过销售、制造和研发活动进入不同的地理区域或海外市场的拓展都可以称为国际化。希特等人指出应当从国际化深度和国际化广度两个方面来衡量国际化的程度。北欧学派指出企业海外经营活动是有步骤地、逐渐地展开的，并将企业的海外经营行为归为两个层面：投资市场扩展的顺序和企业国际化经营方式的渐进变化。

基于上述研究文献分析，本研究选择国际化深度和国际化广度两个方面的因素构建我国家族企业国际化路径。

1. 国际化深度对家族企业国际化路径的影响

国际化深度是指企业资源对于某个特定市场投入的多少，而资源投入程度可以从市场进入模式中得到反映。通常低资源投入的进入模式是出口，中等资源投入的进入模式是合资，而独资（绿地投资）被认为是企业的高资源投入。巴克利和卡森认为，国际化深度的提高能够促使企业获取更高的企业绩效，提高国际化深度，利用企业特定优势建立内部市场，可以防止外部市场失效。因此，跨国公司提高 FDI 建立内部市场比出口更容易增加公司绩效。企业会沿着出口—合资—并购—独资的路径来加深企业国际化的程度，从而使企业在国际市场上获得更大的收益。

2. 国际化广度对家族企业国际化路径的影响

国际化广度是指企业海外运营所涉及的市场范围，先从心理距离近的国家或地区开始国际化，然后逐渐延伸到心理距离远的国家或地区。组织行为学派约翰逊和瓦伦认为，企业国际化是一个由国内市场向国际市场发展的渐进过程，采用由近到远的方式进行国际化经营能够减少企业参与国际市场竞争的不确定性，提高企业国际化经营的成功概率。因此，心理距离成为企业国际化广度的重要依据。跨国公司常常先选择邻国、较为熟悉的国家或地区、经济发展水平相似或者文化差异不大的国家或地区出口，再逐渐转向心理距离大的国家或地区。不同的企业选择不同的心理距离的国家或地区，并且往往会基于自身竞争力的不同来考虑。中小企业因为自身经济和管理能力不强，自身竞争力较弱，为了降低企业国际化经营中面临的风险，往往会选择到低心理距离的国家或地区进行海外投资。而实力强的大企业由于自身竞争力强，往往会选择到高心理距离的国家或地区进行海外投资。

因此，心理距离对企业的国际化经营有着不可忽视的影响。企业可以选择沿着心理距离从低到高的路径进行国际化经营，也可以在心理距离较高的国家或地区进行海外投资从而实现跨越式的发展。

14.2 我国家族企业国际化演进路径分析

约翰逊和瓦伦认为，市场知识是影响企业国际化的关键因素，而市场知识的积累来源于企业的国际化实践。企业经过不断地学习积累，逐渐地减少与被投资市场之间的心理距离，这样就可以不断地提高企业国际化的深度和广度。安德松认为，影响企业国际化的重要因素是知识和经验。因此，从主观因素来看，企业能力对于企业模式和战略的选择十分重要。

我国家族企业国际化路径简图如图 14.1 所示。

图 14.1 的左边，由下往上表示国际化深度由低到高。图 14.1 的下边，由左往右表示国际化广度由低到高。

路径Ⅱ 低心理距离 以对外投资方式为主	路径Ⅳ 高心理距离 以对外投资方式为主
路径Ⅰ 低心理距离 以出口方式为主	路径Ⅲ 高心理距离 以出口方式为主

图 14.1　我国家族企业国际化简图

1）路径Ⅰ。我国家族企业以出口作为主要的方式，选择低心理距离的国家或地区。如果是中小企业或实力相对较弱的企业，其可能经营时间不长，国际化经营的水平和经验不够，因此选择低心理距离的国家或地区进行国际化经营。由于两国在政治、经济、文化等方面差异不大，向这些国家或地区出口，有利于企业迅速进入国外市场，也可以减少一些由不确定性因素所带来的风险。通过出口，家族企业可以积累国际化经验和知识。

2）路径Ⅱ。我国家族企业以对外直接投资作为主要的方式，选择低心理距离的国家或地区。家族企业采用对外直接投资的方式进行国际化经营，参与国际市场的竞争。采用这种国际化路径的家族企业，一方面，自身能力具有比较优势，另一方面，采用并购或新建企业的方式能够更加迅速地在海外市场获得跨国公司所需要的各种战略资源。

3）路径Ⅲ。我国家族企业以出口作为主要的方式，选择高心理距离的国家或地区。高心理距离的国家或地区比低心理距离的国家或地区的风险大许多。对于高心理距离的国家或地区，家族企业可能对其法律法规、消费者习惯、文化习俗等方面不够熟悉，因此家族企业在选择这种国际化路径时，需要对这些国家或地区进行详细的调查了解，对出口产品的开发、设计、生产等各个环节都要精心准备，以降低家族企业国际化经营所面临的由许多不确定性因素所带来的风险。

4）路径Ⅳ。我国家族企业以对外直接投资作为主要的方式，选择高心理距离的国家或地区。家族企业采用这种国际化路径时，因为要面临不太熟悉的国际市场，所以要求企业具有较为丰富的国际化经验和管理企业的能力。资源禀赋较强的家族企业可以通过并购或独资的方式进入海外市场。家族企业可以采用投资或合作的方式，利用海外市场较为完善的生产和服务的渠道来降低风险，同时也加深家族企业对海外市场的理解。

1. 基于深度的渐进式国际化路径

我国家族企业选择低心理距离的国家或地区开展国际化经营（路径Ⅰ、路径Ⅱ）往往基于以下原因。

1）家族企业选择心理距离近的国家或地区容易获得信息优势，降低沟通障碍等所带来的交易成本，能够更好地融入当地市场。

2）家族企业为了追求利润的最大化，选择心理距离近的国家或地区能够更快地获取投资回报。因为与目标国市场差异不大，对于当地市场的文化和习俗不陌生，更能够根据当地消费者的需求和偏好生产相应的产品。

3）选择心理距离近的国家或地区进行投资，有利于国内产业转移，降低成本，延长产品的生命周期，提高产品的国际竞争力，并为家族企业的国际化经营提供动力。

图 14.1 中的路径Ⅰ—路径Ⅱ—路径Ⅳ为基于深度的渐进式国际化路径。基于深度的渐进式国际化路径是指家族企业通过资源投入的程度来进行国际化经营。国际化深度在一定程度上反映了家族企业的市场进入模式，出口是较低的资源投入程度和模式，FDI 是较高的资源投入程度和模式。家族企业在国际化经营的初期（采用路径Ⅰ），选择向心理距离近的国家或地区出口，以积累国际化经验和资本。随着家族企业国际化的发展，家族企业会谋求更深入的国际化合作，为规避当地市场部分风险，家族企业会选择战略合作或合资的方式，利用当地公司在生产、流通、销售等领域的优势进行生产，然后采取部分并购或全额并购的方式逐渐加深家族企业的国际化进程（路径Ⅱ）。在企业国际化发展到一定程度后，家族企业不仅仅满足于在心理距离近的国家或地区进行投资，为扩大自己的市场范围，选择到心理距离更远的国家或地区进行投资，并且在目标国市场设立办事处、建立分公司或子公司，通过这些形式加大介入家族企业国际化的层次和深度（路径Ⅳ）。

沿着路径Ⅰ—路径Ⅱ—路径Ⅳ进行国际化的家族企业，一般会在心理距离近的国家或地区采用先出口，与当地企业战略合作或合资，寻求国际跨国公司的并购，然后独资，一步步加深国际化深度，使得企业逐步走向国际化道路，扩散到心理距离更远的国家或地区。在这个过程中，贸易与投资相互促进，通过学习能力的提升和国际化经验的积累，家族企业的国际化不断螺旋式向上延伸。

2. 基于广度的渐进式国际化路径

基于广度的渐进式国际化路径是指按照路径Ⅰ—路径Ⅲ—路径Ⅳ的顺序进行的路径，即为由低心理距离向高心理距离演进的国际化路径。家族企业在国际化进程中，通过“心理距离”由近到远来进行国际化经营。由于出口贸易这种方式要求企业的能力相对偏低，因此在生产、融资等各个方面存在着不足的家族企业可以选择路径Ⅰ或者路径Ⅲ开展国际化经营。随着出口的国家或地区由近到远，加上企业的国际化经验逐渐增加，投资的融入度也在上升，贸易与投资互相促进，两者同步演进，家族企业在这两方面的能力逐渐增强，也逐渐向心理距离远的市场扩散。在该路径下，贸易与投资存在着互补的效应：家族企业通过海外并购或者新建企业取得信息优势，并在此基础上实现了产品的本土化，通过消费者的口碑逐步建立品牌信誉，反之又推动国内生产出口。在这个演进过程中，家族企业的国际化经营能力逐渐提高。

图 14.1 中的路径Ⅰ—路径Ⅲ—路径Ⅳ的演进中，家族企业从资源投入程度低的间接出口—直接出口—在海外市场设立办事处—海外投资等，因为存在心理距离的差距，即便采用以出口为主的方式，家族企业也会对出口的产品和营销方式进行调整，心理距离远的国家或地区需要企业投入更多的资金用于市场调查，用以防范可能的风险。

沿着路径Ⅰ—路径Ⅲ—路径Ⅳ的演进，家族企业一般会先选择与本国心理距离近的国家或地区，然后逐渐到与本国心理距离远的国家或地区，投资区域范围广，逐渐占领国际市场。在该过程中，家族企业的国际化经验和能力也会逐渐增强。从出口转向 FDI，家族企业国际化的路径产生了很大的变化。

当然，也有个案存在。有的企业在其国际化的发展过程中逆向选择，走心理距离由远及近的路径。例如，海尔先选择欧美国家作为自己的目标市场开展国际化经营，在当地设立“海尔设计中心”，保证生产的产品与欧美国家当地消费者的需求相吻合。在国际化经营中，注重品牌和口碑的树立，然后再向其他欠发达国家或地区进行出口或投资。因此，海尔是独辟蹊径进行国际化经营的。

3. 跨越式国际化路径

我国家族企业采用的跨越式国际化路径是一种跳跃的不连续发展的过程，家族企业不是按照常规走国际化道路，而是跨越某个或某几个阶段进行国际化经营，或者其国际化路径直接从低级阶段跨越到高级阶段。跨越式的国际化路径从进入方式上有两个方面。

1）企业不选择路径Ⅰ或路径Ⅲ，而直接选择路径Ⅱ或路径Ⅳ，即家族企业不是采用先出口后独资建厂的方式，而是跳跃了出口这一路径，直接采用 FDI 的方式。

2）经历了出口，但不是采用出口—合作—合资—并购—独资逐步加大介入的层次和深度，没有经历部分并购这种合作模式，而是直接采用全额并购的方式进行国际化经营。国际化经验的不断积累使得家族企业可以采用跨越式的方式进行国际化经营，当然，选择跨越式国际化路径的家族企业，其必须具有较强大的实力和国际竞争力。

走跨越式路径的企业被学术界称为“天生国际化企业”。特恩布尔通过研究发现，该类企业在国际化进程中并不按照传统的渐进式模式，而是跳跃式地向前发展。

1）一开始并不是选取心理距离较近的目标市场，而是选择心理距离较远的目标市场。

2）出口模式不是渐进地逐渐上升，而是直接跳过中间一级进入更高阶段。天生国际化企业是随着现代通信技术的发展和运输成本的降低应运而生的，其在成立之初就走上了国际化道路，并利用多国资源向多国销售并从中积极寻求明显的竞争优势。切蒂和坎贝尔·亨特研究发现，相对于传统国际化企业，天生国际化企业具有在国际市场中快速学习的能力、能够积极利用信息和沟通技术、快速形成外部合作关系网络的特征。学者们认为可以从两个维度来界定天生国际化企业。

1）出口率，即海外销售额占整体销售额的百分比（奈特和卡瓦斯基尔提出占比应为25%）；

2）时间维度，是指该企业从成立之初到第一次开始出口业务之间的时间跨度（有学者提出时间跨度分别为2年、6年或8年等）。实践表明，跨越式的国际化路径容易出现在互联网和移动互联网创业、电子行业企业中。

通过上述分析，可以得出如下结论。

我国家族企业在不同的发展阶段，应根据国际国内市场的变化，结合自身的情况，选择适合自己的国际化路径。家族企业能力的强弱对企业国际化路径的选择会产生较大的影响，能力较弱的家族企业（企业规模偏小、研发投入不足、国际化经营经验不丰富等），应该选择渐进式的国际化路径，以减少国际市场的风险；而能力较强的家族企业，可以选择跨越式的国际化路径。

第 15 章 “一带一路”背景下我国家族企业国际化的对策

“一带一路”建设是我国未来区域经济建设的热点，对推动中国“走出去”战略的实施将产生深远的影响。我国家族企业“走出去”的潜力很大，因此需要政府和企业在实践中不断创新推进。

15.1 政府层面的对策

1. 继续加强国与国之间的高层联系

政府继续巩固和发展与沿线国家和地区的双边投资协定和双边外交关系，积极维持和巩固与各国的友好往来关系，继续加强高层领导人互访等政治外交活动，加强对外公关，大力宣传“一带一路”倡议的对外投资优势和对目标国经济建设的正面效应，利用“一带一路”建设中的政策沟通，主动参与各个层次的对话，签订多边或双边经贸合作关系，提高贸易投资便利化水平。同时，处理好我国与沿线各国之间的合作关系，深化政治互信，寻求各国利益的契合点，共同推进“一带一路”沿线经济的繁荣发展。

2. 处理好国家、地方和企业的利益关系

“一带一路”建设是一项系统工程，涉及沿线众多国家和地区，涉及领域广、建设周期长、任务重，因此需要政府进行全盘统筹规划，充分发挥中央引领全局、地方政府突出特色的优势。实时判断国际形势和国内各省市的实际状况，出台相关的指导性文件，细化相关政策和制度，并及时给予各省市科学合理的指导。协调好国际与国内之间、中央各部委之间、中央与地方之间、各地之间的关系，进一步明确各部委、各地方的定位，优化全局。健全对各地具体实施过程的监督管理，落实顶层设计，及时协调与解决实施过程中出现的各种问题，建立中央、地方、民间和企业之间的有效沟通和协调机制，避免各地及企业定位重合、重复投资与建设、恶性竞争等现象出现。各省、市、自治区、直辖市抓住“一带一路”倡议的发展机遇，认真贯彻中央精神，根据指导性文件科学合理地定位本地特色，结合各自实际情况，充分发挥各自的地缘、历史、产业等优势，合理选择重点区域，并以重点区域为突破口，不断向周边国家和地区扩展，实现我国对外投资多

元化，减少投资风险。

3. 细化“一带一路”政策，更加有效地帮助家族企业开展国际化经营

（1）出口贸易政策

政府鼓励家族出口企业进入国际市场，对从事国际化经营的家族企业选择性地给予出口补贴，增加其在国际市场的竞争力。建立国际化企业管理制度，补充和完善有关企业国际化经营的政策法律法规等，保障家族企业在国际市场开展国际化经营的安全；建立健全国家进出口贸易政策，最大限度地保障各贸易国的利益，使各国之间的贸易能够在一个相对稳定的环境中相互交流和共同发展，这有利于我国家族企业的出口业务的顺利开展，提升其在国际市场的竞争力；完善信贷、税收和汇率政策，保障家族企业的各项国际化业务能够健康有序地发展。

（2）风险防范政策

政府加强调研，深入了解家族企业国际化经营的现状和困难，制定促进家族企业“走出去”的相关政策。积极探索行政管理体制改革，全面开展商事登记制度改革，推行负面清单管理模式，为家族企业“走出去”解压。成立专业人士服务家族企业共同平台，聘请各类专业人才，加强对“一带一路”沿线国家和地区的政治、经济、文化、法律等国情的判断研究，为家族企业开展国际化经营提供宏观指导和信息服务。通过举办论坛、主题培训、讲座和实地考察等方式让家族企业了解并熟悉国际市场运行规则。积极推广优秀家族企业国际化经营的模式和经验。建立健全家族企业境外投资综合服务体系，建立家族企业守法诚信沟通联系制度，建立家族企业海外投资的跟踪管理和监督服务机制。

政府为家族企业的对外投资提供信用担保和风险控制服务，保证金融机构投资与贷款的安全。政府对家族企业的经营风险进行全面的监督，并将所掌握的经营管理、风险控制等方面的信息反馈给家族企业，以便于家族企业根据自身的实际情况改进投资方式，转变经营理念，控制和规避家族企业可能面临的风险。

（3）金融信贷政策

政府强化服务，对从事国际化经营的家族企业提供更多的金融和信贷支持。建立并完善家族企业国际化经营金融服务体系。充分发挥民营经济发达、民间金融活跃的优势，鼓励并引导民营资本进入金融领域，并加强金融监管，推进金融机构混合所有制改革。进一步完善融资担保制度，充分利用开发性金融资金，共同优化开发性金融资金的配置，用开发性金融资金支持家族企业的国际化经营。

完善对家族企业的财政支持政策，建立专项扶持资金管理监督反馈机制。加大对有订单、效益较好的家族企业的融资的支持力度。引导和鼓励家族企业运用信用保险保单质押、货权质押等信贷产品，降低家族企业贷款门槛。落实家族企业进出口返税补贴政策，发挥现有开放基金的作用，设立国际产能和装备制造合作引导资金，鼓励并引导民营资本参与国际产能和装备制造合作。创新民营经济

专项资金支持方式，在部分高新区试点推广"科技创新券"，通过后补助的方式，支持科技型小微企业加强产学研合作。

完善家族企业开拓国际市场的相关政策平台。组织和帮助家族企业积极申报商务部的中小企业国际市场开拓基金、中华人民共和国科技部的国际科技合作项目等国家专项资金。全面梳理并公布国家、省、自治区、直辖市拟开展的各类重点展会，鼓励家族企业积极参展。充分利用亚洲基础设施投资银行、金砖国家开发银行和丝路基金，加强与亚洲开发银行、世界银行、国际货币基金组织、欧洲投资银行等国际金融机构的合作。推出家族企业海外投资保险产品，对购买相关保险的家族企业给予一定的补贴。

（4）对外投资政策

支持和鼓励家族企业境外投资，引导家族企业贴近境外资源产地和市场需求地投资设厂。鼓励家族企业对境外合作项目进行延伸开发，在设计咨询、系统集成、运营维护、检测维修等产业链两端提升增值服务能力。鼓励家族企业通过资本、股权、技术、管理等多种方式，开展绿地投资、并购投资、证券投资、联合投资，拓宽境外投资领域，提升家族企业对外经济合作水平。

鼓励并引导家族企业根据自身状况以参股、独资、合资、合作等各种创新方式参与"一带一路"基建项目。小型家族企业可以与大型企业合资，从劳务或分包开始；有实力的家族企业可以单独总包项目，也可运用公私合作伙伴关系模式参与基建项目建设的各个环节。例如，资金充裕的家族企业可以参与融资环节；拥有技术优势的家族企业也可以参与工程设计和施工环节；拥有管理经验的家族企业可以参与项目管理和后期运营环节。

（5）研发政策

政府加大对家族企业创新研发的政策指导和激励，可以从以下方面促进家族企业的研发投入。

1）加大财政投入方式。政府分担一部分研发投资风险，在一定程度上降低家族企业所需承担的投资风险，促进家族企业加大研发投资力度，保障研发资金的投入。

2）采取税收优惠政策。对被列入国家级、省级、市级等的技术革新项目，财政部门相应地给予拨款补贴，激励家族企业的创新精神。

3）积极引导支持家族企业的技术创新工作，对于家族企业建立技术研发机构的行为进行表彰和激励，鼓励家族企业创新产品和技术，向更高的国际化延伸。

4. 加强家族企业对外开放平台建设

（1）推进跨境电子商务的发展

鼓励家族企业利用"互联网+"等新技术、新载体，创新营销模式，整合线上线下渠道，拓展家族企业国内外营销网络。发展新兴产业和新兴业态，引导和鼓励家族企业建立新型网络营销平台。积极培育电子商务龙头企业，鼓励其开展线上到线下（O2O）、个性化定制等商业创新模式。

（2）加快推进各类大通道建设和物流平台建设

加快推进各类大通道建设，整合港口服务功能，加快大陆桥建设，打造国际班列品牌，提升质量、效率和服务水平。构建合作联盟，加强物流企业之间、班列之间的密切合作，扩大拼箱业务。围绕完善综合运输体系、推进多式联运、促进节能减排、加速区域经济融合等方面，统筹谋划甩挂运输发展。推进适应家族企业现代物流环境发展的技术性基础设施建设。梳理、整合、落实国家出台的甩挂运输政策及相关配套政策。探索不同区域、不同类型的甩挂运输组织形式，促进甩挂运输企业转型升级。引导民营资本投向甩挂运输信息建设领域，加快完善交通物流共享标准。培养壮大专业化和具有竞争力的民营物流企业，建设钢材、粮食、糖、煤炭等多个品种的专业交易市场。

（3）发展外包业务

鼓励和支持家族企业发展高新技术、信息化、高附加值服务外包业务，加快向中高端服务外包市场拓展。推动家族企业提高工程总承包和全程服务的能力，发展生产性服务业。

5. 完善人才培养机制，加快国际化人才培养

在家族企业国际化的过程中，政府强化政策引导，鼓励区域化、集群式、产业化的国际资产转移。同时通过相应的安排，吸引更多的人才金融国际化框架。加快国际化人才培养，对于提升企业的国际化经验十分重要。可以通过以下途径培养国际化人才。

1）充分利用我国海外留学生资源。

2）充分利用外国在华留学的优秀人才。

3）大力引进全球人才，促进家族企业人才与国际化人才之间的交流。

4）设立海外科研中心，加大引进海外研发人才。

5）更好地发挥正规教育资源的作用，培养更多的具有专业能力的管理人才和投资人才。

15.2　家族企业层面的对策

1. 选择适合家族企业发展的国际化演进路径

家族企业在进行国际化经营的过程中，需要结合自身优势选择“一带一路”沿线的国家和地区、进入方式和竞争战略等，往往要在国际化深度和国际化广度之间进行权衡。对于多数处于国际化初期阶段的我国家族企业而言，所具备的技

术和核心竞争力较弱，其最佳选择是遵循渐进式的国际化发展路径，而对于具备政策支持的家族企业和新创业的家族企业而言，选择跨越式的国际化发展路径。家族企业国际化的实践就是不断调整国际化路径和进入模式。随着家族企业国际化的不断深入，应当根据自身所具备的能力及所处的环境及时调整其国际化路径和进入模式，追求最佳的国际化成效。

2. 实施战略规划，提升国际竞争力

家族企业要敢于走出国门，在不断变化的国际环境中找准自己的定位。着眼于整合全球资源，实现全球范围内的资源优化配置。家族企业的高层管理者要站在战略的高度，从宏观上把握全球政治经济的发展趋势，洞悉企业国际化经营发展的态势，作出前瞻性的决策。助推家族企业境外上市融资，开拓有潜力的新兴市场，实行战略联盟。在全球价值链中寻找新坐标，延伸优势产业，进入国际产业链，促进国际贸易流通，实现家族企业的可持续发展。

3. 结合“一带一路”倡议从本土化实施海外战略，培育外贸优势产品

按照国际竞争优势理论，竞争的优势关键在于差异化。家族企业在某些方面存在不足，但是它也有优势。例如，权责利高度统一；决策机制比较快；虽然产品通常是技术含量低、附加值低的初级产品和工业制成品，但是，在国际细分市场上占有一席之地等。同时，我国家族企业的发展时间不长，大部分家族企业规模小、经营产品单一，这些都符合现代化大生产的要求，因此存在拓展国际市场的空间。家族企业应抓住“一带一路”倡议的发展机遇，积极融入国际市场，努力学习国外的先进技术、营销手段和管理经验等，这对提高家族企业经营绩效有着重要作用。转变目前的出口贸易模式，摆脱对低端产品和加工贸易的过度依赖，注重外资结构，完善出口商品结构，培育外贸优势产品。

4. 打造联合抱团的投资模式

家族企业要立足于自身实际，选择良好的投资方式。打造联合抱团的投资模式，扩大企业对外投资的规模。家族企业集群抱团应战能够在市场波动的情况下联合行动、分担风险、共同应付并化解危机，能够有效提高国际化经营效率。尤其是同一产业链上的家族企业，其抱团行动能够汇聚资金、人力和产业优势，能够充分利用国际国内两种资源，形成产业合力，开展海外投资，降低投资风险。我国部分优秀家族企业多以集群抱团的形式存在，如浙江温州、广东东莞、江苏苏州等地的家族企业。

5. 进行制度革新

一方面，家族企业要促进产权制度改革，实现资本多元化。其重点可以放在

解决产权主体单一的问题上，努力吸收各种性质的资本，并实现其有效的融合。只有产权结构合理的家族企业，才会更趋于国际化、标准化，才能实现人力资本和货币资本的有效结合。另一方面，家族企业要开展管理制度创新，实现管理科学化。创新管理模式，实施先进的管理方法，通过建立规范制度来建立科学的管理体系。家族企业要重视职业经理人这种特殊的人力资本在企业管理中的作用，建立员工、股东、债权人共同治理的公司法人治理结构。

6. 加大企业研发投入

家族企业可以通过加大研发投入的力度，促进产品升级更新趋向于高端，使企业追求更大的经营绩效，并提升国际化竞争水平。通过加大研发的投入，家族企业还应大胆涉足高新技术、信息和现代化金融服务等产业，努力实现产业的转型和升级。

7. 自主创新，重视品牌建设

大力鼓励和支持具有自主知识产权、自主品牌、自主营销渠道的家族企业抓住“一带一路”建设机遇，提升品牌价值，组建品牌联盟，扩大技术含量、高附加值、高效益产品出口。重视家族企业自主品牌建设，走品牌驱动的道路，保护境外注册商标，根据各国的差异和消费者的需求，对品牌和产品进行二度设计，创造有国际影响力的品牌，提高自主创新能力，重视高新技术研发。加大科研投入，及时将技术创新的成果转化为知识产权，并通过法律予以保护。有条件的家族企业同科研机构、高等院校甚至国有企业进行联合，开发新产品、开辟新市场，以保持自身足够的国际竞争力。

8. 重视风险防范和规避

我国家族企业应根据自身的规模、行业特征、风险承受能力和国际化经营等，慎重选择目标国。在国际化经营的早期阶段尽可能回避风险较大的中亚国家，可以优先选择“一带一路”沿线国家中的政治风险、经济风险和文化风险相对较小的东南亚国家。同时，家族企业应建立自身的风险评估机制，尽早对风险进行判别分析，并及时防范和规避。

9. 重视人才的使用和培养

一方面，家族企业要加强人力资源的开发，确立高素质的人力资本是企业的第一资源，以任人唯贤为用人标准，录用和培养具有涉外工作能力的专业人才和复合人才，对高素质的职业经理人尤其要重视。另一方面，家族企业要有效地利用人际关系网，它可以克服家族企业规模小、资源有限的劣势，这一点在进入国际化市场尤为明显。在与国外企业的交往中，家族企业可以通过他们信任的朋友和同事来学习各种习俗和规范，接受当地人的建议和指导，从而能够比较顺利地融入合作伙伴的关系网中，这对家族企业成功实施国际化战略都非常有利。

通过上述分析，可以得出如下结论。

1）政府层面的主要对策：继续加强国与国之间的高层联系；处理好国家、地方和企业的利益关系；细化“一带一路”政策，更加有效地帮助家族企业开展国际化经营；加强家族企业对外开放平台建设；完善人才培养机制，加快国际化人才培养等。

2）家族企业层面的主要对策：选择适合家族企业发展的国际化演进路径；实施战略规划，提升国际竞争力；结合“一带一路”倡议从本土化实施海外战略，培育外贸优势产品；打造联合抱团的投资模式；进行制度革新；加大企业研发投入；自主创新，重视品牌建设；重视风险防范和规避；重视人才的使用和培养等。

参考文献

安灵，刘星，白艺昕，2008. 股权制衡、终极所有权性质与上市企业非效率投资[J]. 管理工程学报，22(2)：122-129.

蔡安辉，2011. 实际控制人类型、市场化程度与民营企业会字塔结构的经济后果[J]. 管理评论，23(8)：9-20.

曾月明，付婷，2016. 会计稳健性对企业过度投资的影响：基于不同终极控制权视角[J]. 现代财经-天津财经大学学报(7)：59-69.

陈德萍，曾智海，2012. 资本结构与企业绩效的互动关系研究：基于创业板上市公司的实证检验[J]. 会计研究(8)：66-71.

陈德球，李思飞，雷光勇，2012. 政府治理、控制权结构与投资决策：基于家族上市公司的经验证据[J]. 金融研究(3)：124-138.

陈建林，2016. 家族管理对民营企业债务融资的影响：基于代理成本理论[J]. 广东财经大学学报，31(1)：70-77.

陈凌，叶长兵，鲁莉劼，2009. 中国家族上市公司最终所有权、控制权及其分离：基于不同上市方式的比较分析[J]. 浙江社会科学(5)：8-15.

陈少华，陈菡，陈爱华，2013. 债务资本成本与资本结构动态调整：基于市场化程度差异视角[J]. 审计与经济研究(6)：44-53.

陈艺萍，张信东，2012. 所有权、资本结构与公司效率[J]. 中国管理科学(s1)：459-467.

程仲鸣，2010. 终极控制人的控制权、现金流权与企业投资：基于中国上市公司的经验证据[J]. 经济与管理研究(8)：51-60.

崔娜，柳春，胡春田，2017. 中国对外直接投资效率、投资风险与东道国制度：来自“一带一路”沿线投资的经验证据[J]. 山西财经大学学报，39(4)：27-38.

戴翔，2013. 中国企业“走出去”的生产率悖论及其解释[J]. 南开经济研究(2)：44-59.

邓德强，谷祺，2007. 我国家族上市公司的效率评价与改进[J]. 财经问题研究(5)：42-47.

邓新明，熊会兵，等，2014. 政治关联、国际化战略与企业价值：来自中国民营上市公司面板数据的分析[J]. 南开管理评论，17(1)：26-43.

范黎波，刘云芬，杨金海，2016. 家族化管理与企业绩效:规模与家族成员所有权结构的调节效应[J]. 管理评论，28(5)：96-106.

冯宝军，陈艳，孙丕海，2013. 预算软约束下金字塔结构对企业投资效率影响：基于中国国有上市公司的实证研究[J]. 财贸经济，34(5)：47-53.

冯旭南，2012. 债务融资和掠夺:来自中国家族上市公司的证据[J]. 经济学:季刊，11(3)：943-968.

冯旭南，李心愉，2009. 终极所有权和控制权的分离：来自中国上市公司的证据[J]. 经济科学，31(2)：84-97.

冯旭南，李心愉，陈工孟，2011. 家族控制、治理环境和公司价值[J]. 金融研究(3)：149-164.

付文林，赵永辉，2014. 税收激励、现金流与企业投资结构偏向[J]. 经济研究(5)：19-33.

葛敬东，2006. 现金流权比例对终极股东剥夺行为的约束程度分析[J]. 会计研究(7)：52-58.

谷祺，邓德强，路倩，2006. 现金流权与控制权分离下的公司价值：基于我国家族上市公司的实证研究[J]. 会计研究，29(4)：30-36.

国家发展和改革委员会经济体制与管理研究所课题组，李红娟，刘现伟，2017.“一带一路”背景下东北地区民营经济发展问题研究[J]. 经济纵横(1)：24-30.

韩丹，王磊，何昕懋，2016. 参股银行、终极控制人与公司投资行为[J]. 统计与信息论坛，185 (2)：35-41.

韩亮亮，李凯，2007. 民营上市公司终极股东控制与资本结构决策[J]. 管理科学，20(5)：22-30.

韩志丽，杨淑娥，史浩江，2006. 企业终极所有者“掏空”行为的影响因素[J]. 系统工程，24(9)：43-47.

郝颖，李晓欧，刘星，2012．终极控制、资本投向与配置绩效[J]．理科学学报(3)：83-96.
何茂春，等，2015.“一带一路”战略面临的障碍与对策[J]. 新疆师范大学学报（哲学社会科学版）(3)：36-45.
侯旻，顾春梅，2016. 二代浙商天生国际化企业外部网络资源对企业绩效的影响：双元能力调节效应分析[J]．商业经营与管理(3)：75-87.
胡科，张宗益，2010. 终极控制权与现金流权偏离下的公司价值：基于我国民营上市公司的实证研究[J]．技术经济，29(4)：86-90.
胡艳，马连福，2015．创业板高管激励契约组合、融资约束与创新投入[J]．山西财经大学学报，37(8)：78-90.
黄辉，2010．企业资本结构调整速度影响因素的实证研究[J]．经济科学，32(3)：96-106.
黄绍伦，郑宏泰，2000．香港“富过三代”的家庭企业[J]．东南亚纵横(9)：20-21.
姜凌，曹瑜强，廖东声，2015. 治理结构与投资效率关系研究：基于国有与民营上市公司的分析财经问题研究[J]. 管理世界(10)：104-110.
蓝辉旋，2013．股权分散的股权结构与股利分配[J]．商业时代(21)：86-87.
雷光勇，刘慧龙，2007. 市场化进程、最终控制人性质与现金股利行为[J]．管理世界(7) ：120-128.
李善民，王德友，朱滔，2006．控制权和现金流权的分离与上市公司绩效[J]．中山大学学报(社会科学版)，46(6)：83-91.
梁彤缨，冯莉，陈修德，2012．金字塔结构、在职消费与公司价值:来自中国上市公司的经验证据[J]．山西财经大学学报(11):75-83.
梁星韵，2015．“一带一路”背景下我国企业对外直接投资策略[J]．生产力研究(8)：139-143.
林春回，王国平，2016．我国民营经济在“一带一路”中如何“走出去”：以福建民营企业为例[J]．华侨大学学报(哲学社会科学版)(4):52-59.
林俐，2005. 温州市民营企业进入国际市场战略及其演进[J]．国际贸易问题(2)：71-74.
凌丹，张玉芳，2017. 政治风险和政治关系对“一带一路”沿线国家直接投资的影响研究[J]．武汉理工大学学报（社会科学版），30(1)：6-14.
凌兰兰，陶士贵，2017．“一带一路”战略研究述评[J]．改革与战略(1)：49-52.
刘昌国，2006．公司治理机制、自由现金流量与上市公司过度投资行为研究[J]．经济科学(4)：50-58.
刘朝法，2017．终极控制权、现金流权对公司绩效的影响[D]．上海：东华大学.
刘峰，贺建刚，魏明海，2004. 控制权、业绩与利益输送：基于五粮液的案例研究管理世界[J]. 管理世界(8)：102-110.
刘国斌，2015．“一带一路”基点之东北亚桥头堡群构建的战略研究[J]．东北亚论坛(2)：93-102.
刘国亮，王加胜，2000．上市公司股权结构，激励制度及绩效的实证研究[J]．经济理论与经济管理(5)：40-45.
刘行，李小荣，2012．金字塔结构、税收负担与企业价值：基于地方国有企业的证据[J]．管理世界(8)：91-105.
刘锦红，2009．控制权、现金流权与公司绩效：基于中国民营上市公司的分析[J]．财经科学(5)：64-71.
刘孟晖，沈中华，余怒涛，2009．终极产权与公司价值:对中国上市公司激励与壁垒效应的实证检验[J]．华东经济管理，23(1) ：62-68.
刘芍佳，孙霈，刘乃全，2003. 终极产权论、股权结构及公司绩效[J]．经济研究(4)：51-62.
刘伟，刘星，2007. 隧道行为与盈余管理：基于我国家族上市公司的实证研究[J]．南方经济(11)：53-62.
刘阳，罗时宇，2012．家族上市公司终极股权结构与公司价值关系研究:基于股权分置改革后的分析[J]．财会通讯(27)：88-90.
刘志彪，2004．上市公司资本结构与业绩研究[M]．北京： 中国财政经济出版社.
卢闯，李小燕，孙健，2010. 盈余质量对控股股东掏空的影响[J]．中国软科学(2)：116-121.
鲁桐，2001. 企业国际化理论的发展[D]．北京：中国社会科学院世界经济与政治研究所.
鲁桐，李朝阳，2001. 温州民营企业国际化研究[D]．北京：中国社会科学院世界经济与政治研究所.
罗二平，龚志文，2013. 终极控制权与现金流权分离下的盈余信息含量：基于我国生物制药和电子信息技术行业上市公司的实证分析[J]．企业经济(9)：179-182.

吕蕊，2013. 中国民营企业的国际化进程：基于 IP 模型演进视角[J]. 商业时代(32)：78-80.

吕长江，肖成民，2007. 最终控制人利益侵占的条件分析：对 LLSV 模型的扩展[J]. 会计研究(10)：82-86.

马连福，陈德球，高丽，2007. 投资者关系管理、现金流权与公司价值：基于中国家族上市公司的实证研究[J]. 山西财经大学学报，29(12):72-79.

马忠，陈彦，2008. 金字塔结构下最终控制人的盘踞效应与利益协同效应[J]. 中国软科学(5)：91-101.

潘春阳，卢德，2017. 中国的对外直接投资是否改善了东道国的制度质量：基于“一带一路”沿线国家的实证研究[J]. 上海对外经贸大学学报(4)：56-72.

彭文伟，冉茂盛，周姝，2009. 最终控制权、现金流权与上市公司过度投资[J]. 软科学，23 (12)：126-129.

祁恋雅，2016. 中国企业国际化与绩效的关系研究[D]. 南京：南京师范大学.

饶育蕾，汪玉英，2006. 中国上市公司大股东对投资影响的实证研究[J]. 南开管理评论，9 (5)：67-73.

任晓，2008. 温州地区民营企业的国际化模式[J]. 国际贸易问题(9)：76-81.

沈炳珍，熊芳，2011. 民营上市公司终极控制权与公司绩效关系的实证分析[J]. 经济论坛(1)：189-193.

盛明泉，张敏，等，2012.国有产权、预算软约束与资本结构动态调整[J]. 管理世界(3)：151-157.

石水平，石本仁，2009. 家族控股、终极所有权与企业绩效:来自我国上市公司的经验证据[J]. 财贸研究，20(4)：110-117.

宋巨生，2016. 终极控制权结构对企业投融资行为及其绩效影响的研究[D]. 上海：华东师范大学.

苏坤，张俊瑞，2012. 终极控制权与资本结构决策[J]. 管理学报，9(3)：466.

苏昆，杨淑娥，2008. 现金流权、超额控制与公司经营绩效[J]. 山西财经大学学报，30(9)：54-59.

苏启林，万俊毅，欧晓明，2003. 家族控制权与家族企业治理的国际比较[J]. 外国经济与管理，25(5)：2-8.

苏启林，朱文，2003. 上市公司家族控制与企业价值[J]. 经济研究(8)：36-45.

苏忠秦，黄登仕，2012. 家族控制、两权分离与债务期限结构选择：来自中国上市公司的经验证据[J]. 管理评论，24(7)：132-142.

孙健，2005. 最终控制人、债务融资与控制私利[J]. 南京审计学院学报，2(4)：34-36.

孙健，2008. 终极控制权与资本结构的选择：来自沪市的经验证据[J]. 管理科学，21(2)：18-25.

孙谦，石松，2015.管理者个人偏好对企业资本结构的影响［J］. 当代经济科学，37 (5)：78-88.

孙晓琳，2010. 终极控股股东对上市公司投资影响的实证研究[J]. 山西财经大学学报(6)：85-91.

谭安杰，李伟利，1999. 公司治理与中国企业改革前景[J]. 开放导报(12) ：26-26.

汤小华，2008. 家族企业治理模式与公司绩效关系的实证分析[J]. 北京交通大学学报(社会科学版)，7(2)：81-85.

佟岩，王化成，2007. 关联交易、控制权收益与盈余质量[J]. 会计研究(4)：75-82.

万小妹，徐璇，2008. 家族上市公司与绩效研究：基于企业家、资本家视角的比较[J]. 国际经贸探索(12)：76-81.

汪建成，毛蕴诗，邱楠，2008.由 OEM 到 ODM 再到 OBM 的自主创新与国际化路径：格兰仕技术能力构建与企业升级案例研究[J]. 管理世界(6)：148-155.

王宏新，毛中根，2007. 中国企业国际化路径演变模式实证分析[J]. 世界经济研究(2)：46-50.

王俊秋，张奇峰，2008. 家族企业的掏空行为与会计盈余质量[J]. 会计与经济研究，22(1)：58-64.

王墨文，2014. 家族企业股权结构对公司绩效影响的实证研究：基于因子分析方法[D]. 浙江工商大学.

王鹏，周黎安，2006. 控制股东的控制权、所有权与公司绩效：基于中国上市公司的证据[J]. 金融研究(2)：88-98.

王淑湘，2012. 金字塔控股结构与掏空：基于中国家族上市公司的实证研究[J]. 浙江社会科学(8)：4-13.

王亚刚，张晓军，等，2010. 中国民营企业的国际化：制度及经验优势与行业动态性的影响效应[J]. 西安交通大学学报（社会科学版），30(3)：41-48.

王正位，王思敏，朱武祥，2011. 股票市场融资管制与公司最优资本结构[J]. 管理世界(2)：40-48.

吴慧敏，2016. 差序格局视角下家族上市公司内家族成员权力配置与财务绩效研究[D]. 镇江：江苏大学.

吴明芳，2015. 股权结构对上市公司投资行为的影响[J]. 江苏商论(35)：23-24.

吴世飞，2016. 股权集中与第二类代理问题研究述评[J]. 外国经济与管理，38(1)：87-100.

吴先明，胡翠平，2015. 国际化动因、制度环境与区位选择：后发企业视角[J]. 经济管理(5)：51-62.

武立东，张云，何力武，2007. 民营上市公司集团治理与终极控制人侵占效应分析[J]. 南开管理评论，10(4)：58-66.

肖腾文，2001. 上市公司治理中控制股东与中小股东的代理问题[J]. 财经科学(5)：57-60.

肖作平，2012. 终极所有权结构对资本结构选择的影响：来自中国上市公司的经验证据[J]. 中国管理科学，20(4)：167-176.

萧婉南，2016. 中国企业国际化演进路径及其对经营绩效影响的实证[D]. 广州：广东财经大学.

谢军，2007. 基于企业国际经验的国外市场选择和进入模式研究[J]. 国际贸易问题，289(1)：91-94.

辛金国，韩秀春，2014. 上市方式、股权结构与企业绩效的实证研究：基于上市家族企业数据的分析[J]. 技术经济与管理研究(1)：86-90.

徐晋，张详建，郭岚，2005. 大股东终极控制增长模式与隐形收益[J]. 中国软科学(1)：41-45.

徐志炎，2016."一带一路"战略下浙江省民营企业国际化研究[D]. 杭州：浙江大学.

许永斌，彭白颖，2007. 控制权、现金流权与公司业绩:来自中国民营上市公司的经验研究[J]. 商业经济与管理(4)：74-79.

许永斌，郑金芳，2007. 中国民营上市公司家族控制权特征对公司绩效实证研究[J]. 会计研究(11)：50-57.

杨保军，2015. "一带一路"战略空间响应[J]. 城市规划学刊(2).

杨国彬，李春芳，2001. 企业绩效评价指标：EVA[J]. 经济管理(9)：21-24.

杨丽丽，赵进，2009. 国际化程度与企业绩效关系实证研究综述[J]. 外国经济与管理，31(4)：15-21.

杨淑娥，苏坤，2009. 终极控制、自由现金流约束与公司绩效：基于我国民营上市公司的经验数据[J]. 会计研究(4)：78-86.

杨兴全，张丽平，吴昊旻，2012. 控股股东控制、管理层激励与公司过度投资[J]. 商业经济与管理，1(10)：28-39.

姚战琪，2016. "一带一路"战略下我国对外直接投资效率的影响因素及区位选择[J]. 经济纵横(12)：59-66.

叶勇，胡培，黄登仕，2005. 中国上市公司终极控制权及其与东亚、西欧上市公司的比较分析[J]. 南开管理评论，8(3)：25-31.

叶勇，黄雷，2004. 终极控制股东、控制权溢价和公司治理研究[J]. 管理科学(5)：9-14.

于东智，胡国柳，王化成，2006. 企业的现金持有决策与公司治理分析[J]. 金融论坛，11(10)：28-35.

于蔚，金祥荣，钱彦敏，2012. 宏观冲击、融资约束与公司资本结构动态调整[J]. 世界经济(3)：24-47.

余官胜，2017. 东道国经济风险与我国企业对外直接投资二元增长区位选择：基于面板数据门槛效应模型的研究[J]. 中央财经大学学报(6)：74-81.

俞红海，徐龙炳，陈百助，2010.终极控股股东控制权与自由现金流过度投资[J]. 经济研究(8)：103-114.

张春景，马文超，2014. 基于企业经营预期下的资本结构调整:来自我国制造业上市公司的经验证据[J]. 会计研究(8)：67-74.

张东宁，马昭，2011. 终极控制权、现金流权与公司财务绩效：基于国有控股上市公司的经验证据[J]. 辽宁工程技术大学学报(社会科学版)，13(1)：38-42.

张栋终，2009. 极控制人、负责融资与企业非效率投资[J]. 中国管理科学，17(6)：177-185.

张华，张俊喜，宋敏，2004. 所有权和控制权分离对企业价值的影响：我国民营上市企业的实证研究[J]. 经济学，3(B10)：14.

张军，2014. 我国西南地区在"一带一路"开放战略中的优势及定位[J]. 经济纵横(11)：93-96.

张敏，王佳涛，陈致朋，2015. "一带一路"机遇期企业对外投资战略探究[J]. 特区经济(9)：14-16.

张天阳，李丹，2009. 我国民营上市公司内部治理结构优化研究:基于蒙牛集团的分析[J]. 经济论坛(10)：86-87.

张详建，刘建军，徐晋，2004. 大股东终极控制与掠夺行为研究[J]. 当代经济科学，26(5)：60-64.

张祥建，何骏，2017. 基于战略性视角重塑"一带一路"发展新思路[J]. 当代经济管理，39(4)：1-8.

张晓，钱海燕，2012. 服务业企业国际化成长的知识整合特性：理论框架及作用机制[J]. 经济管理(4)：59-66.

张欣哲，周静，罗春燕，黄璜，2012. 民营公司两权分离度、内部制衡机制与经营绩效关系[J]. 证券市场导报(4)：

41-46.
张燕，谢建国，2012．出口还是对外直接投资[J]．世界经济研究(3)：63-68.
张耀伟，2009．终极控制股东两权偏离与企业绩效：公司治理的中介作用[J]．管理科学，22(3)：9-16.
张灼华，2015. 香港应争取成为“一带一路”持续亮点[N]．中国证券报(2)．
章莹，2011. 浙江民营企业走出去战略研究 [J]．科技致富向导(14)：107-108.
赵景文，于增彪，2005．股权制衡与公司经营业绩[J]．会计研究(12)：59-64.
赵卿，刘少波，2012．制度环境、终极控制人两权分离与上市公司过度投资[J]．投资研究(5)：52-65.
赵曙明，2010. 企业国际化的条件、路径、模式及其启示[J]. 科学学与科学技术管理，31(1)：116-122.
赵曙明，高素英，等，2010. 企业国际化的条件、路径、模式及其启示[J]. 科学学与科学技术管理，31 (1)：116-122.
甄红线，史永东，2008．终极所有权结构研究：来自中国上市公司的经验证据[J]．中国工业经济(11)：108-118.
甄红线，张先治，迟国泰，2015．制度环境、终极控制权对公司绩效的影响：基于代理成本的中介效应检验[J]．金融研究(12)：162-177.
郑丹凤，刘朝马，2010．中国家族上市公司股权结构与企业价值关系研究[J]．浙江理工大学学报，27(4)：672-678.
周其仁，1996．市场里的企业:一个人力资本与非人力资本的特别合约[J]．经济研究(6)：71-79.
周颖，艾辉，2011. 金字塔结构、终极股东控制与资本结构：基于中国上市家族企业面板数据的实证研究[J]．软科学，25(1)：120-123.
朱滔，2007．大股东控制、股权制衡与公司绩效[J]．管理科学，20(5)：14-21.
BLACK F, SCHOLES M, 1973. The pricing of options and corporate liabilities[J]. Journal of Political Economy(81): 637-654.
BOUBAKER S, 2005. On the relationship between ownership-control structure and debt financing: new evidence from France[J]. Economica(3):5-38.
BUCKLEY P J and CASSON, M, 1976.The Future of the Multinational Enterprise.The Macmillan Press.
BUNKANWANICHA P, GUPTA J, ROKHIM R, 2008. Debt and entrenchment: evidence from Thailand and Indonesia[J]. European Journal of Operational Research(185):1578-1595.
CLAESSENS S, DJANKOV S, LANG L H P, 2000. The separation of ownership and control in East Asian corporations[J]. Journal of Financial Economics (58):81-112.
CUERVO-CAZURR A, A, 2008.The multinationalization of developing country MNEs The case of multilatinas.Journal of International Management(14):138-154.
CANTWELL J and TOLENTINO P E, 1990. Technological Accumulation and Third World Multinationals[C]. Discussions Papers in International Investment and Business Studies. University of Reading.
DU JULAN, DAI, 2005. Ultimate corporate ownership structure and capital structures: evidence from East Asian economies[J]. Corporate Governance 13(1):60-71.
DUNNING J H, 2009. Location and the multinational enterprise:A neglected factor[J]. Journal of International Business Studies, 40:5-19.
FACCIO M, LANG LHP, 2002.The ultimate ownership of Western European corporations[J]. Journal of Financial Economics(65): 365-395.
FRIEND I, LANG LHP, 1988. An empirical test of the impact of managerial self-interest on corporate capital structure [J]. Journal of Finance, 47:271-281.
HITT, HOSKISSON, 1990. Merges and acquisitions and managerial commitment to innovation in M-form firms[J]. Strategic Management Journal, 11:29-47.
JOHANSON, I. and VAHLNE, J, E, 1977. The International Process of the Firm:A Model Knowledge Development and Increasing Foreign Market Commitments[J]. Journal of International Business Studies8(1):23-32.
LA PORTA R, LOPEZ-DE-SILANES F, SHLEIFER A, 1999. Corporate ownership around the world[J]. Journal of

Finance(54): 471-517.

MODIGLIANI F, MILLER M, 1958. The cost of capital, corporate finance, and the theory of investment[J]. American Economic Review(3): 261-297.

SULLIVAN, D, 1994. Measuring the Degree of Internationalization of a Firm[J]. Journal of International Business Studies, 25:325-342.

VIJAY SAKHUJA, 2015. Xi Jingping and the martime silk Road:The indian dileman[J]. ISAS, working paper(2):48-51.